Edizioni R.E.I.

Tutti i nostri ebook possono essere letti sui seguenti dispositivi: computer, eReader, IOS, android, blackberry, windows, tablet, cellulari.

French Academy

Il sistema dei sette Chakra

(Volume 7)

Sahasrara - Il Settimo Chakra

ISBN 978-2-37297-2758

Pubblicazione digitale (eBook): 17 marzo 2016
Stampa: 17 MARZO 2016
Nuova edizione aggiornata: 2 gennaio 2017
Edizioni R.E.I.
www.edizionirei.webnode.com
edizionirei@outlook.com

French Academy

Sahasrara
Il Settimo Chakra

Edizioni R.E.I.

Indice

Il sistema dei Chakra 9

Sahasrara - Settimo Chakra 13

Come attivare il 7° chakra 22

Colore del settimo chakra 24

Oli essenziali associati al settimo chakra 27

    Alloro 28

    Incenso 32

    Geranio 37

    Rosa 41

    Vetiver 46

Fiori Himalaya associati al settimo chakra 50

    Flight 52

Fiori Californiani associati al settimo chakra 53

    Angel's Trumpet 55

    Angelica 57

Fawn Lily 59

Lotus 60

Purple Monkeyflower 61

Fiori Australiani associati al settimo chakra 63

Bush Iris 65

Fiori di Bach associati al settimo chakra 67

Water Violet 69

Impatiens 71

Heater 74

Chicory 77

Agrimony 79

Walnut 81

Rescue Remedy 83

Numero del settimo chakra 88

Esercizi fisici 92

Pietre consigliate per il 7° Chakra 94

Quarzo Ialino 96

Ossidiana Arcobaleno..98

Diamante..100

Pietra di Luna...102

Onice bianco...105

Quarzo Rutilato..106

Selenite 108

Celestina 110

Danburite 111

Il sistema dei Chakra

Con la parola Chakra, che deriva dal sanscrito e significa "ruota", si vogliono indicare i sette centri di base di energia nel corpo umano. I chakra sono centri di energia psichica sottile situati lungo la colonna vertebrale. Ciascuno di questi centri è connesso, a livello di energie sottili, ai gangli principali dei nervi che si ramificano dalla colonna vertebrale. In più i chakra sono correlati ai livelli della coscienza, agli elementi archetipici, alle fasi inerenti lo sviluppo della vita, ai colori, che sono strettamente legati ai Chakra, perché si trovano all'esterno del nostro corpo, ma all'interno dell'aura, vale a dire il campo elettromagnetico che avvolge ciascuna persona, ai suoni, alle funzioni del corpo e a molto, molto altro. La dottrina orientale che ne ha diffuso la conoscenza nel mondo occidentale considera i Chakra come aperture, porte di accesso all'essenza del corpo umano.

I chakra sono solitamente rappresentati dentro a un fiore di loto, con un numero variabile di petali aperti. I petali aperti rappresentano il chakra nella sua piena apertura. Su ogni petalo è scritta una delle cinquanta lettere dell'alfabeto sanscrito, le quali, sono considerate lettere sacre, quindi espressione divina. Ciascuna di esse esprime, inoltre, una diversa attività dell'essere umano, un suo diverso stato, sia manifesto, sia ancora potenziale. Ogni chakra risuona su una frequenza diversa che corrisponde ai colori dell'arcobaleno.

I sette Chakra principali corrispondono inoltre alle sette ghiandole principali del nostro sistema endocrino. La loro funzione principale è quella di assorbire l'Energia Universale, metabolizzarla, scomporla e convogliarla lungo i canali energetici fino al sistema nervoso, alimentare le aure e rilasciare energia all'esterno. Quasi tutti li vedono come degli imbuti, che roteano e contemporaneamente fanno scorrere l'energia avanti e indietro. Ciascuno dei sette centri ha sia una componente (solitamente dominante) anteriore che una componente (solitamente meno dominante) posteriore, che sono collegati intimamente, fatta però eccezione per il primo e il settimo, che invece sono singoli. dal Secondo al quinto, l'aspetto anteriore si relaziona con i sentimenti e con le emozioni, mentre quello posteriore con la volontà. Per quanto riguarda il sesto anteriore e posteriore, e il settimo, la correlazione è con la mente e la ragione. Il primo e il settimo. hanno inoltre l'importantissima funzione di collegamento per l'essere umano: essendo i Chakra più esterni del canale energetico, essi hanno la caratteristica di porre in relazione l'uomo con l'Universo da un lato e con la Terra dall'altro. Il perfetto funzionamento del sistema energetico è sinonimo di buona salute. Per aprire i Chakra esistono molte tecniche diverse, tra le quali il Reiki si evidenzia per la sua peculiare dolcezza e per la possibilità di armonizzare eventuali scompensi energetici. Ogni centro sovraintende a determinati organi, e ha particolari funzioni a livello emotivo, psichico e spirituale. Tra i sette fondamentali, esistono delle precise affinità.

- Primo con Settimo: Energia di base con Energia spirituale.
- Secondo con Sesto: Energia del sentire a livello materiale con Energia del sentire a livello extrasensoriale.
- Terzo con Quinto: Energia della mente operativa e del potere personale con Energia della mente superiore e della comunicazione.
- Quarto: ponte tra i tre superiori ed i tre inferiori e fucina alchemica della trasformazione.

A ogni Chakra è associato un colore, che corrisponde e deriva dalla frequenza e dalla vibrazione del centro stesso. Inoltre a ogni Chakra corrisponde un mantra, il suono di una nota musicale e, in alcuni casi, anche un elemento naturale, un pianeta o un segno zodiacale. Poiché il sistema dei chakra è il centro d'elaborazione principale per ogni funzione del nostro essere, il bloccaggio o una insufficienza energetica nei chakra provoca solitamente disordini nel corpo, nella mente o nello spirito. Un difetto nel flusso di energia che attraversa il dato chakra provocherà un difetto nell'energia fornita alle parti connesse del corpo fisico, così come interesserà tutti i livelli dell'essere. Ciò perché un campo di energia è un'entità Olistica; ogni parte di esso interessa ogni altra parte. Gli oli essenziali sono in grado di sintonizzarsi con i chakra specifici: il loro profumo e la loro vibrazione ci mettono dolcemente in contatto profondo con i nostri centri energetici.

Il massaggio con specifici oli essenziali sui punti corrispondenti ai chakra, attiva ed equilibra la loro azione, armonizzando e rinforzando l'intero organismo.

Partendo dal basso sono:
- 1° = Muladhara
- 2° = Swadhisthana
- 3° = Manipura
- 4° = Anahata
- 5° = Vhishuddhi
- 6° = Ajna
- 7° = Sahasrara

Ciascuno dei sette chakra, inoltre, viene a rappresentare un'area importante della salute psichica umana, che possiamo brevemente riassumere come:
- 1 sopravvivenza
- 2 sessualità
- 3 forza
- 4 amore
- 5 comunicazione
- 6 intuizione
- 7 cognizione.

Metaforicamente i chakra sono in relazione ai seguenti elementi archetipici:
- 1 terra
- 2 acqua
- 3 fuoco
- 4 aria
- 5 suono
- 6 luce
- 7 pensiero.

Sahasrara - Settimo Chakra

Il settimo chakra è il chakra della Corona, centro del vertice. Il suo colore e' viola, oro, bianco.
Ha come simbolo il loto dai mille petali, dove mille è il risultato di 50 x 20: i cinquanta fonemi dell'alfabeto sanscrito ripetuti venti volte, ed è localizzato al vertice del cranio, nella zona del Bregma. É un Chakra non fisico, che si può in buona sostanza definire l'interfaccia tra la coscienza individuale e quella cosmica, universale.

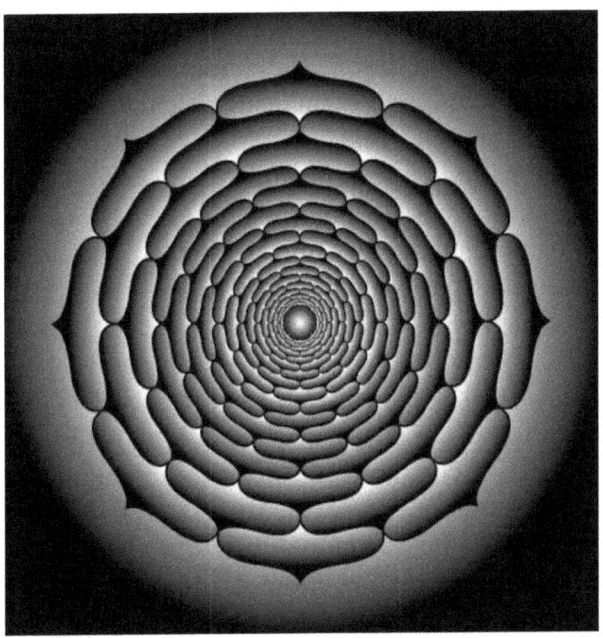

È qui, in questo chakra, che l'adepto sperimenta l'unione con il divino, la liberazione, il samadhi.

É un Chakra non fisico, che si può in buona sostanza definire l'interfaccia tra la coscienza individuale e quella cosmica, universale. Non esiste un settimo Chakra bloccato, può essere soltanto più o meno sviluppato, in relazione al personale cammino spirituale dell'individuo. Non vi sono patologie note e specifiche legate a questo centro energetico, né a livello fisico né a livello mentale o spirituale; si sa solo che l'energia elaborata a questo livello ha effetti su tutti i tessuti e le funzioni dell'organismo, in modo più o meno evidente, intenso ed efficace. Il chakra della corona controlla il cerebrum, la sommità del capo, l'intero cervello e il sistema nervoso. Si dice anche che controlli l'occhio destro. Nella mitologia Egizia, il Terzo Occhio aperto è chiamato Occhio di Horus. L'occhio sinistro fisico controlla la Luna e il mondo manifesto e femminile e l'occhio destro controlla il mondo non manifesto, maschile e spirituale. Quindi l'Occhio Destro di Horus fa scendere lo Spirito nella materia e poi nutre quello Spirito nell'Occhio Sinistro di Horus. In questo modo, il Terzo Occhio rimane aperto, radicato nel mondo fisico e pienamente ricettivo. È il chakra che mette in relazione con la propria parte più spirituale, e con la realtà cosmica. Raggiungere l'apertura e la consapevolezza di questo chakra porta alla completezza dell'essere solo se vi si perviene attraverso l'apertura e la consapevolezza di tutti gli altri chakra, nessuno escluso. Dall'altra parte la disarmonia del settimo chakra porta a una chiusura e a una non comprensione della parte spirituale sia propria che altrui con, come conseguenza, una visione decisamente materialistica dell'esistenza. Il settimo chakra è Luce di conoscenza e di consapevolezza, è visione globale dell'Universo e nel cammino di crescita di ognuno può far raggiungere la serenità spirituale della completa conoscenza, universale. Il settimo chakra è ciò che più avvicina l'essere umano al contatto totale con la propria interiorità e, quindi, con il divino. E' il chakra che spinge le persone più consapevoli a cercare di elevare il proprio sé e a collegarsi con il Tutto. Incontrare un essere umano con il settimo chakra completamente aperto significa incontrare qualcuno di assolutamente fuori dal comune: un vero Maestro. Solo Gesù, Buddha, Osho, Mahavira, Krishna vengono riconosciuti come Maestri che hanno raggiunto l'illuminazione, un livello di spiritualità così elevato che non hanno bisogno di parlare. È sufficiente guardarli per seguirli incondizionatamente. Sarebbe situato nella ghiandola pineale e costituito dalla riunione dei sei chakra. Sarebbe uno spazio incavo, sui bordi del quale si troverebbero mille nervi. Questi nervi si potrebbero vedere sezionando il cervello trasversalmente. Prima della realizzazione del sé, questo centro è chiuso dall'ego e dal superego. Illuminato dal risveglio della kundalini, diventerebbe simile a un fascio di fiamme dai sette colori che si integrano creando infine una fiamma di colore cristallo chiaro. Ciò corrisponderebbe alla libertà assoluta, alla gioia dello spirito, alla serenità, alla relazione tra la coscienza dell'individuo e quella dell'universo. Questo chakra si chiuderebbe in caso di "quasi svenimento" per evitare la perdita di coscienza e la fuoriuscita dell'anima. Fisicamente si manifesterebbe con vitiligine e vertigini e nel campo psicologico con noia, insoddisfazione, odio verso Dio. Ha nel suo cuore un loto più piccolo a dodici petali in cui è inscritto il triangolo chiamato Kamakala, che simbolicamente raffigura la sede della Shakti Suprema, cioè la "forza cosmica" non individualizzata. È localizzato al di sopra della fine di Sushumna; qualche maestro specifica nel mezzo del cervello, qualche altro dice subito sotto il brahmarandhra, mentre altri lo collocano subito sopra di questo. Sahasrara appare come un loto di colore bianco dai luminosi filamenti, con «mille petali». All'interno risplende tra freddi raggi argentei la luna piena e al suo interno è inscritto il triangolo che alberga il grande vuoto, origine e dissoluzione di ogni cosa. Qui risiede Paramashiva, simbolo dell'identificazione fra l'anima individuale e l'Anima universale, fra l'uomo e Dio, realizzazione della suprema beatitudine che consegue alla distruzione dell'ignoranza e della falsa visione operata da Paramashiva stesso quale sommo guru che istruisce lo yogin devoto. Il guru terreno che ha condotto il discepolo alla soglia della liberazione si identifica qui con Paramashiva stesso assiso sull'hamsa, l'ocacigno. L'hamsa ripropone il tema dell'unificazione e del superamento delle polarità per realizzare l'Unità ineffabile: il Mistero ultimo si divide in due, maschile e femminile, spirito e natura, «ham» e «sa», «io» e «questo». Il simbolismo della riunificazione è ulteriormente sottolineato in sahasrara dalla presenza dei mandala della luna e del sole. Nell'hamsa sono contenute tutte le forme che il Divino assume e ogni devoto troverà quella cara al suo cuore: per gli shivaiti è Shiva, per i vishnuiti è Vishnu, per i devoti della Dea è la Shakti, per altri è Vishnu-Shiva. La Shakti si manifesta in sahasrara nel triangolo inscritto nel mandala della luna come Amakala, il sedicesimo asterismo lunare: dea lucente e sfolgorante, di colore solare, stilla verso il basso un continuo rivolo di ambrosia. All'interno di Amakala, immaginata come falce lunare e quindi concava, risiede Nirvanakala, anch'essa in forma di mezzaluna, rosseggiante come il sole, cuore di tutti gli esseri e dispensatrice di divina conoscenza. Dentro di questa, nel mistico punto che simboleggia il vuoto da cui tutto origina e a cui tutto ritorna, si trova la Nirvana Shakti, abbacinante come dieci milioni di soli, colei prima della quale non esisteva nulla: è qui che Shiva si unisce con Kundalini ed è da questa unione che scaturisce il nettare dell'ambrosia poi stillante verso il basso. Lo yogin deve dunque fare ascendere Kundalini dal muladhara fino al sahasrara, facendole attraversare tutti i chakra fino a condurla dal suo signore, Paramashiva, affinché si unisca con lui e possa delibare l'ambrosia generata dalla loro unione. Quindi la dea in forma serpentina deve essere fatta ridiscendere in muladhara e, se nell'ascesa ella aveva riassorbito gli elementi di un chakra in quello successivo fino a dissolvere tutta la manifestazione nel vuoto contenuto nel triangolo di sahasrara, ora, ridiscendendo, emana nuovamente i chakra e tutto ciò che essi costituiscono e investono, infondendo loro nuova vita, ma soprattutto permeandoli di coscienza. Attraverso i chakra lo yogin ha esplorato se stesso e il mondo: è entrato nei meccanismi del corpo per riappropriarsene in maniera piena e totalmente volontaria, è sceso oltre la soglia del conscio nelle tenebre dell' Uroboros primitivo, l'inconscio collettivo, per recuperare la sua coscienza individuale. Ma non si è fermato a questo; ha osato andare oltre, sacrificando il suo io psico-fisico per trascendere se stesso. Così ha attinto l'infinita Coscienza che sta oltre l'umano ed ha aperto il suo terzo occhio affacciandosi su un'altra dimensione. Di questo incredibile viaggio al di là del finito resta una cronaca esoterica, raccontata dai simboli, poiché soltanto essi, che provocano risonanze, sono dinamici e trasformano, possono esprimere ciò che non può essere comunicato altrimenti. Il coronamento dell'utilizzo di questo Chakra è quindi quello di collegarci con il mistico e il Divino, pur rimanendo saldamente ancorati alla terra e alle cose materiali che essa rappresenta. Insomma, il massimo sviluppo del settimo Chakra ci connette al corretto bilanciamento del primo Chakra, e viceversa. Del resto, l'Energia corporale deve ciclicamente fluire dall'alto al basso e viceversa. L'iconografia indiana dei Chakra, infatti, è rappresentata anche da due serpi che spiraleggiano intorno alla spina dorsale, a simboleggiare la costante salita e discesa delle energie lungo il corpo. Sotto il profilo emozionale e caratteriale, il disequilibrio del settimo Chakra si manifesta con una chiusura in se stessi, una perdita della convinzione nel significato dell'esistenza, una perdita di entusiasmo. Si tratta, in altri termini, del lato oscuro e delle difficoltà relative alle "illuminazioni" positive che si ottengono con la liberazione e l'alimentazione delle energie del settimo Chakra. Vi è anche il rischio che la mancata comprensione e accettazione dei cambiamenti,conseguenti al risveglio spirituale, determini uno spiacevole rigetto da parte delle persone della propria vita. Il chakra della corona governa non soltanto il controllo del cervello dell'intero sistema nervoso, ma anche il controllo del nostro Sé Superiore di tutta la nostra incarnazione fisica. Una volta che il chakra della corona è aperto, possiamo diventare consapevoli del nostro vero "cervello" che esiste al di là delle limitazioni della terza e quarta dimensione. La nostra capacità di percepire la vita fisica da quella prospettiva più elevata, ci permette di ottenere un accesso alla nostra coscienza multidimensionale. Mentre ci troviamo in quello stato multidimensionale, abbiamo la capacità di vedere le innumerevoli forme della nostra esistenza nei molti piani e realtà diversi. Il chakra della corona governa la Coscienza Cosmica che è la nostra connessione alla saggezza spirituale, alle aspirazioni e alla conoscenza della Verità. Da questa prospettiva, ci vediamo come una scintilla della coscienza che crea tutto e, paradossalmente, "È" Tutto. Dalla nostra Coscienza Cosmica, siamo il sognatore che sogna un sogno e si rende conto che tutto ciò che viene percepito è un'estensione del nostro Sé. Proprio come il chakra della radice rappresenta la nostra connessione con la Madre Divina o Madre Terra, il chakra della corona rappresenta le nostre relazioni con il Padre Divino o Padre Cielo. Padre Cielo e Madre Terra si uniscono, Spirito nella Materia, per creare il Figlio dell'Amore, la coscienza in una forma fisica. Madre Terra nel primo chakra radica il nostro potere e dalla terra lo invia verso l'alto affinché si unisca al Padre Cielo nel settimo chakra. Il levarsi della Kundalini ci connette con l'energia che giunge dalle dimensioni superiori mentre ci dà il potere e la responsabilità, in cambio, di radicare quell'energia nel piano fisico. La relazione con la madre è associata al primo chakra. Se il legame con nostra madre non era sufficiente per i nostri bisogni, spesso ci sentiamo tagliati fuori dalle nostre radici, dalla vita fisica e i nostri atteggiamenti verso la casa, la sicurezza e il denaro sono influenzati negativamente. Viceversa, la relazione con il padre umano è associata al settimo chakra. Poiché il chakra della corona rappresenta la nostra unità con la vita, sentiamo un senso di isolamento da "Dio" e dall'umanità se il legame con nostro padre è insufficiente. Poiché il chakra della corona rappresenta la nostra coscienza multidimensionale, quando lo apriamo la nostra realtà non è più limitata alla terza e alla quarta dimensione. Quando il chakra del terzo occhio, il sesto chakra, si apre, iniziamo a viaggiare nei sub-piani superiori della quarta dimensione. Con l'apertura del settimo chakra, e la successiva attivazione del Terzo Occhio, la coscienza può ora entrare nella quinta dimensione. È allora che le molte realtà intorno e dentro di noi gradualmente ci diventano evidenti. L'apertura del chakra della corona espande la nostra percezione nella quinta dimensione dove non c'è nessuna polarità. Quindi, ci sono molti paradossi associati a questo chakra, poiché rappresenta la "fine di tutto il paradosso". Mentre viaggiamo attraverso le dimensioni superiori, è importante rilasciare tutti i giudizi associati con le polarità di luce e oscurità. Dobbiamo invece consultare la nostra consapevolezza interiore e coscienza superiore affinché ci facciano navigare attraverso i nostri mondi interiori. Alla fine, saremo tutti consapevoli dei nostri sé di quinta dimensione, essi non conoscono nessun giudizio e non hanno nessuna paura.

Come attivare il 7° chakra

- Fate regolarmente delle camminate in montagna e, una volta in cima, ammirate in tutta tranquillità la valle davanti ai vostri occhi.
- Cercate la tranquillità, praticate Yoga o lo Zen, oppure altre tecniche, purché conducano alla pace interiore.
- Occupatevi con maggiore cura del vostro sviluppo spirituale, fidatevi della vostra intuizione interiore per trovare i maestri adatti.
- Indossate capi di abbigliamenti bianchi o arredate casa vostra usando il più possibile il bianco o il violetto, mettete sul tavolo di casa un vaso di fiori bianchi e/o violetti.
- Potete stimolare il settimo chakra pronunciando a lungo la lettera "M". A tale scopo mettetevi seduti con la schiena dritta e fate risuonare a ogni respiro una lunga "MMMM".
- Oli essenziali: incenso, geranio e rosa stimolano questo chakra. Fatene evaporare qualche goccia in un diffusore di essenze oppure mettetene qualche goccia mischiata a un po' di latte nell'acqua del bagno.
- Pietre preziose: le seguenti pietre rinforzano il chakra della corona: diamante, cristallo di rocca, ossidiana arcobaleno, spinello, tormalina chiara, azzurrite.

Scegliete istintivamente una pietra, poi tenetela in mano lasciando che la sua energia pervada il vostro chakra, oppure portatela sempre con voi incastonata in un anello o su una collana.

Colore del settimo chakra

Il settimo chakra è associato al colore bianco, il colore della luce che comprende tutti gli altri colori, al violetto e all'oro, i colori dell'infinito, della pace e della saggezza.
Il bianco di per sé non è un colore, poiché racchiude in sé tutti gli altri. Il colore bianco è sinonimo di purezza e verginità, indica il bisogno di perfezione. E' il colore della neutralità e quindi talvolta può esprimere l'incapacità di esporsi, di prendere una posizione. Poiché la luce solare è solo apparentemente bianca, esponendosi ai raggi solari per una decina di minuti al giorno, il nostro corpo avrà la possibilità di rigenerarsi cogliendo, dallo spettro della luce solare, le vibrazioni che gli servono. Il bianco rappresenta la luce, la semplicità, il sole, l'aria, l'illuminazione, la purezza, l'innocenza, la castità, la santità, la sacralità, la redenzione.
La luce bianca è rivitalizzante, rigenera l'organismo, schiarisce la mente. E' il colore del nuovo. Rappresenta lo stato di beatitudine in cui l'uomo raggiunge lo stato divino, la fusione con l'Essere universale, la liberazione dello spirito dalle costrizioni del corpo, l'integrazione fra la ragione e la spiritualità. Sovrintende il senso di empatia, sentirsi una sola cosa con il Tutto.

Nello spettro luminoso, il colore Viola è posizionato agli antipodi del Rosso e simboleggia l'attitudine a identificarsi con il prossimo.
Energia di tipo "freddo".

E' il raggio con le maggiori proprietà energetiche dello spettro visibile. Nascendo dalla mescolanza di rosso (amore) e blu (saggezza) è il colore della metamorfosi, della transizione, del mistero e della magia. E' il colore della spiritualità ma anche della fascinazione erotica, indica l'unione degli opposti, la suggestionabilità. Il viola rappresenta spesso ricchezza e giustizia e passività.

Nello spettro, il viola si pone dietro il blu.

In natura, le sue diverse sfumature sono delle mescolanze di rosso e di blu; perciò anche nel simbolismo occulto, è da considerare in questo colore, la presenza del rosso, colore del Fuoco e della vita, e quella del blu, l'aria, il Cielo.

Oggi, come nell'antichità, il viola rappresenta la transizione tra la vita e l'immortalità.

E' la spiritualità velata da una sfumatura di tristezza o di malinconia, che implica il ricordo delle cose terrene.

- E' eccellente per la meditazione profonda, dunque per liberare la mente da ogni attività e per ottenere una migliore visione interiore di sé.
- Il viola è il colore di Nettuno e dei Pesci, e uno dei colori di Giove e del Sagittario.
- I suoi effetti sull'organismo: stimola la produzione di globuli bianchi, la milza, lo sviluppo osteo-scheletrico.
- Ottimizza anche il rapporto sodio-potassio e combatte i disturbi della vescica e dei reni.

E' utile contro sciatalgie e nevralgie, è attivo contro eczemi, psoriasi, acne.

Depurativo del sangue, rallenta l'attività cardiaca e favorisce la microcircolazione cerebrale, per questo motivo viene utilizzato per contrastare la calvizie. Ottimo cicatrizzante. Abbinato al settimo Chakra il Viola evidenzia e accentua la parte emotiva dell'individuo rendendolo, di conseguenza, fragile e facilmente attaccabile. Il Centro Coronale o Settimo Chakra è il più importante di tutti. Possiede 1000 petali ed è conosciuto con il nome di Sahasrara. È collocato nell'area limbica del cervello. Tutto ciò esprime la concretizzazione dell'Unione con il Potere Divino.
È la libertà assoluta, la gioia dello Spirito e la serenità. Nel punto cardine del Settimo Chakra troviamo un loto più piccolo a dodici petali in cui è inscritto il triangolo chiamato Kamakala, che simbolicamente raffigura la Forza Cosmica.
E' il Chakra che gestisce il contatto con la Conoscenza Divina. Il Chakra della Corona trova posto nella ghiandola pineale ed è costituita da un unico polo. Chi lo indossa denota dignità e nobiltà, intelligenza, prudenza, umiltà e saggezza.
Il carattere è un po' difficile con tendenze opposte e inconciliabili. Ha bisogno di sentirsi libero, vuole affascinare, suscita ovunque simpatia e ammirazione. E' molto disponibile e comunicativo, possiede grande umanità, coltiva interessi ad alto livello, colto e sensibile. Desidera aiutare gli altri in modo significativo, ha inclinazione per l'occulto, il magico e l'arcano. Ha buon gusto e cura molto il suo aspetto fisico. Raffinato cultore della bellezza e dell'arte.

Oli essenziali associati al settimo chakra

Alloro, incenso, loto, geranio, rosa e vetiver attivano il settimo chakra. Miscelare ogni singolo olio essenziale con un olio vettore, ad esempio olio di jojoba o di mandorle, nel rapporto di 2 gocce per cucchiaio di olio vettore, quindi 2 gocce ogni 10 ml di vettore. Essendo questo un "trattamento vibrazionale" una miscela molto diluita avrà un'azione più profonda e marcata. Massaggiare il chakra su cui si vuole lavorare con la miscela contenente l'olio essenziale scelto. Utilizzare poche gocce e applicarle lentamente con la punta delle dita e con un movimento circolare in senso orario. Mentre si massaggia il Chakra focalizzarsi sul risultato che si vuole ottenere, visualizzando l'energia armonica dell'olio mentre apre e riequilibra il chakra. Dopo il trattamento rimanere distesi e rilassati per un po', permettendo al Chakra di riequilibrarsi. Respirare profondamente e lentamente, cercando di liberare e svuotare la mente il più possibile.

In alternativa al massaggio, aggiungere qualche goccia dell'olio essenziale scelto per il trattamento al diffusore di essenze. Concentrarsi e focalizzarsi sulla propria intenzione terapeutica, visualizzare l'energia aromaterapica dell'olio essenziale, aprire e riequilibrare il chakra. Rilassarsi per almeno una mezzora.

Alloro

L'olio di alloro è un vero stimolante, rinforza la capacità di concentrazione e la memoria e placa ansia e paure. Per questo è molto utile in caso di esaurimento, stanchezza e stress. Fa bene anche all'ambiente: mettendone una goccia nel bruciatore di olii essenziali aiuta a eliminare gli insetti. Per gli Antichi era l'albero consacrato al Sole-Apollo, le sue foglie coronavano il capo di eroi, geni e saggi. I Greci, infatti, pensavano che le sue foglie avessero il potere di comunicare il dono della divinazione, di allontanare la malasorte e le malattie contagiose. A Delfi, sede dell'oracolo di Apollo, i sacerdoti del dio e la pizia masticavano o bruciavano foglie di Alloro per stabilire la comunicazione con gli Dei e dormivano su "materassi" fatti di strati dei suoi fuscelli, per favorire i sogni premonitori. A Roma era considerato il segno del trionfo, tanto che i generali vittoriosi ne indossavano una corona fatta con le sue fronde, quando venivano festeggiati sul Campidoglio. Si narra, infatti, che fu Giove stesso a donarla a Cesare per celebrare le vittorie dell'imperatore. Questo olio essenziale appartiene al gruppo delle note di cuore e le sue molteplici proprietà, antisettico, espettorante, antireumatico, digestivo, ne consigliano l'uso soprattutto nelle affezioni dei sistemi respiratorio e digerente. L'olio essenziale di alloro è composto per il 45% da eucaliptolo. E' per questo che diluendo tale olio essenziale in un buon olio vettore, si può ottenere un effetto calmante per dolori muscolari e spasmi.

L'estrazione dell'olio essenziale di alloro presenta una discreta resa. Da 30 kg di materia prima si ottengono circa 700 ml di idrolato e 45 ml di olio essenziale.

- Parte utilizzata: foglie.
- Metodo di estrazione: distillazione in corrente di vapore.
- Nota di cuore: profumo erbaceo, fruttato, fresco, leggermente balsamico.

Stimolante: se inalato attiva l'energia dolcemente, rafforza la capacità di concentrazione e la memoria; sviluppa la creatività; placa le paure e l'ansia da esame. Quando manca la fiducia in se stessi, si ha paura di parlare in pubblico, paura di non essere all'altezza o di non riuscire a realizzare i propri obiettivi: favorisce la consapevolezza psichica e l'intuizione, "rendendo possibile l'impossibile". Utile in caso di esaurimento, stanchezza e stress.

Riequilibrante: ripristina l'equilibrio sebaceo nelle dermatiti che spesso sono causa di acne e infiammazioni. Si può aggiungere al sapone liquido, protegge la pelle ed esercita una delicata azione antisettica. Ottimo quindi per chi deve lavarsi spesso le mani: dentisti, medici, infermieri, massaggiatori. È un efficace rimedio per rinforzare i capelli e prevenirne la caduta. Se frizionato con regolarità e costanza sul cuoio capelluto, stimola la microcirolazione, favorendo l'ossigenazione e il nutrimento dei tessuti, contrastando l'alopecia. Previene la caduta dei capelli rinforzandoli alla radice, 2 gocce di alloro e 2 gocce di arancio dolce in una lozione per capelli per tonificare e stimolare la ricrescita.

Digestivo: 2 gocce di olio essenziale di alloro in un cucchiaino di miele assunto dopo i pasti, aiuta la digestione e calma i dolori di stomaco. Se diluito in olio vegetale e massaggiato sul ventre, svolge un'azione rilassante sulla muscolatura liscia del sistema gastroenterico. Utile in presenza di spasmi, intestino irritabile e per eliminare i gas che provocano meteorismo e flatulenze. Masticare una foglia prima dei pasti aiuta chi ha la digestione difficile e combatte le fermentazioni. In caso di dolori gastrici o dissenteria è d'aiuto assumere 1 cucchiaino di miele con 1 goccia di essenza di alloro. Lasciarlo sciogliere in un bicchiere d'acqua e berlo lentamente.

Diffusione ambientale: 1 goccia per ogni mq dell'ambiente in cui si diffonde, mediante bruciatore di oli essenziali, aiuta a eliminare gli insetti.

Olio per Massaggi: diluire al 4 - 6 % in 100 ml di olio di mandorle dolci e frizionare in caso di dolori e strappi muscolari.

Controindicazioni: L'olio essenziale di alloro è controindicato in gravidanza e va usato con moderazione, perché ad alti dosaggi può risultare narcotico o provocare dermatiti. Per quanto agisca anche sull'apparato digerente è consigliabile assumerlo solamente per via esterna, dato che assunto per via orale può avere effetti narcotici. In nessun caso bisogna invece assumere le bacche, in quanto contengono sostanze tossiche che causano la distruzione dei globuli bianchi.

Incenso

Conosciuto per le sue numerose proprietà, è un antisettico e antireumatico, utile anche in caso di tosse, raffreddore e per riequilibrare il sistema nervoso. Balsamico ed espettorante, tonico dell'apparato urogenitale, antisettico, antinfiammatorio e cicatrizzante, combatte l'invecchiamento della pelle, calma ansia e paure, allontana le zanzare. L'incenso esercita un'azione benefica anche sull'epidermide: è un buon antisettico, antinfiammatorio e cicatrizzante ed è particolarmente utile per combattere le rughe e l'invecchiamento della pelle. Gli Egizi avevano introdotto l'incenso nelle loro pratiche di fumigazione e per uso cosmetico: maschere di ringiovanimento e per la preparazione del kohl, una sorta di kajal per il trucco degli occhi. Gli Ebrei lo conobbero durante la loro permanenza lungo le coste del Mar Rosso e lo inserirono nelle loro pratiche religiose: collegato alla nascita di Gesù, portatogli in dono dai Re Magi. Anche tra i popoli Arabi l'incenso veniva largamente impiegato e ne costituiva ricchezza di scambio. Veniva chiamato anche Olibano (bianco). La varietà più pregiata è, infatti, rappresentata da chicchi bianchi. L'olio essenziale di Incenso più pregiato cresce a 700 metri di altitudine e viene dal Dhofar (Yemen). L'albero viene inciso nella corteccia, da questa esce un liquido lattiginoso che, a contatto con l'aria, si addensa e si colora di colore marrone, arancio, giallo, bianco, gocce di luna, con dei chicchi grandi quasi come una noce; i chicchi vengono selezionati dalle donne che separano i delicati dal colore chiaro di luna, questi danno l'incenso di qualità migliore.

- Parte utilizzata: gommaresina.
- Metodo di estrazione: distillazione in corrente di vapore.
- Nota di base: profumo dolce, balsamico. Il suo profumo è particolarmente indicato per la meditazione in quanto ha la proprietà di congiungere la materia al mondo sottile dello spirito. E' il purificatore per eccellenza, stimola l'attività mentale e calma i sentimenti tormentati.

Aromaterapia: viene utilizzato come sedativo per alleviare il nervosismo, l'ansia, l'umore nero, dona coraggio e fiducia. Si può utilizzare nel diffusore per le meditazioni. Tonico e riequilibrante del sistema nervoso centrale, seda forme ansiose, agitazioni da stress, pensieri ossessivi, paure. Predispone, infatti, alla calma, alla meditazione e alla preghiera.

- Contro tristezza e stati d'animo negativi, diffondere nell'ambiente 3 o 4 gocce di olio essenziale; in alternativa fare un bagno caldo diffondendo in acqua 5 o 6 gocce di essenza.
- Per rilassarsi a fondo sarà di grande utilità praticare un leggero massaggio su fronte e

tempie con 2-3 gocce di olio essenziale di incenso diluite in 1 cucchiaio di olio vegetale.

Antisettico: purifica l'aria e l'ambiente in cui viene diffuso. Utile in caso di disturbi di natura batterica, esplica la sua azione antimicrobica.

Antireumatico: applicato diluito per frizioni e massaggi questo olio caldo e balsamico penetra in profondità, riscalda la parte e riossigena i tessuti togliendo il dolore.

Balsamico: l'incenso ha ottime proprietà antimicrobiche e balsamiche. Cura le affezioni delle vie respiratorie e l'asma. Libera dal catarro e dal raffreddore. In presenza di tosse e catarro, preparare un olio da massaggio diluendo 20 gocce di olio essenziale di incenso in 50 ml. di olio di mandorle. Applicare sul petto con un massaggio mattina e sera.

Per maschere purificanti: aggiungere 2 gocce di olio essenziale d'incenso a un cucchiaio di olio di mandorle dolci da aggiungere a dell'argilla ventilata già stemperata in acqua. Il potere astringente si somma a purificare la pelle del viso e del collo.

Crema antinvecchiamento: aggiungere 2-3 gocce di olio essenziale di incenso nel vasetto della crema idratante o rassodante che normalmente si utilizza per potenziarne l'effetto.

- In caso di rughe da stress: utilizzare 1 goccia di olio di incenso con 1goccia di olio di Sandalo e 1 goccia di olio di Gelsomino miscelati nella crema per il viso.
- Come tonico antirughe: diluire 3 gocce di olio essenziale di incenso in 10 ml di olio di rosa mosqueta e applicare in velo leggero su viso e collo. Oppure diluire 5 gocce ciascuno degli oli essenziali di incenso, lavanda, limone, cipresso e rosa in 50 ml di olio di jojoba o germe di grano e applicare sul viso 2 volte al giorno massaggiando leggermente fino al completo assorbimento.
- Come maschera antirughe: stemperare 5 gocce di olio essenziale di incenso e 1 cucchiaio di farina d'avena in 2 cucchiai di yogurt naturale e stendere su viso e collo. Sciacquare con acqua tiepida dopo una ventina di minuti.
- Per le smagliature: aggiungere a una nocciola di crema base 2 gocce di olio essenziale di incenso e 2 di sandalo e applicare sulla parte interessata massaggiando fino a completo assorbimento. I risultati migliori si ottengono in caso di smagliature recenti.
- Astringente: diluito e applicato sulla pelle è un ottimo rimedio per la dilatazione dei pori e la lassità epidermica.

Massaggio antireumatico: 3 gocce di olio essenziale di incenso in due cucchiai di olio di sesamo, da frizionare sulla parte da trattare. Coprire con un panno caldo e lasciare assorbire.

Suffumigi: In caso di congestione delle vie respiratorie e tosse, diluire in una bacinella di acqua bollente 2 gocce di olio essenziale di incenso, 2 di eucalipto e 1 di pino silvestre, e inalare.

Bagno: Versare 5 o 6 gocce di olio essenziale nella vasca da bagno aggiunge ad alcune gocce di eucalipto e stare a bagno per lameno 10/15 minuti. In presenza di malattie da raffreddamento o influenza con tosse persistente, all'acqua calda per il bagno si aggiungeranno 6 gocce di olio essenziale di incenso e 6 di cipresso miscelate in un cucciaio di miele integrale.

Per irrigazioni locali: in caso di cistite, aggiungere 5 gocce in 250 ml di acqua bollita, da utilizzare quotidianamente per applicazioni locali.

Controindicazioni: non sono segnalate controindicazioni particolari, fatta eccezione per l'uso interno, come per tutti gli oli essenziali che devono essere adoperati con cautela e sempre veicolati; ad esempio il miele è un ottimo vettore di oli essenziali. Una curiosità invece legata all'aroma dell'incenso: pare che smorzi il desiderio sessuale, forse incompatibile con la sua forte valenza spirituale.

Geranio

In aromaterapia l'olio essenziale di geranio viene utilizzato in caso di acne, ansia, depressione, stress, insonnia e mal di gola. L'olio essenziale di geranio ha proprietà antibatteriche, antidepressive, antinfiammatorie, antisettiche, astringenti, diuretiche, repellenti e toniche. Ciò lo rende adatto all'impiego per numerose problematiche legate alla salute e al benessere. Viene utilizzato anche per favorire la stabilità emotiva, per alleviare i dolori grazie alle sue proprietà antidolorifiche, per stimolare la guarigione di ustioni e ferite grazie alle sue proprietà cicatrizzanti, per migliorare l'umore e per ridurre l'infiammazione. E' utile per eseguire dei massaggi a livello delle gambe per riattivare la circolazione. Originario del Sud Africa, il geranio fu introdotto in Europa nel XVII secolo dai coloni inglesi e olandesi, che al rientro dalle Indie, si fermavano con le loro navi a Capo di Buona Speranza per approvvigionarsi. Nel nostro continente ha cominciato a essere coltivato, soprattutto nella fascia mediterranea, che ha un clima simile a quello della sua provenienza. Il geranio è composto da centinaia di specie diverse, ognuna caratterizzata da propri colori, intensità di profumo, petali e grado di resistenza alle temperature. In passato era ampiamente usato per combattere le emorragie grazie alla sua forte azione astringente e cicatrizzante; oggi è diffusissimo, soprattutto come pianta ornamentale e il suo olio essenziale è usato dall'industria cosmetica e da quelle alimentare e liquoristica.

L'olio che si estrae dal geranio, appena distillato, si presenta come un liquido verde dall'odore dolciastro e molto delicato, il quale poi viene lavorato e miscelato secondo le necessità o lasciato allo stato puro.

- Parte utilizzata: foglie e fiori.
- Metodo di estrazione: distillazione in corrente di vapore
- Nota di cuore: profumo fresco, dolce, floreale.

Riequilibrante: è usato in aromaterapia per incrementare l'immaginazione e l'intuito così da riuscire a trovare soluzioni in situazioni ingarbugliate, o difficili. Stimola la voglia e il desiderio di esprimersi e di tirare fuori quello che si sente nel profondo, aiuta a prendere coscienza e bilanciare il dare-avere. Adattissimo alle persone che non sanno cosa desiderano stimola in loro la motivazione. Attira a noi tutto ciò che è positivo. Contribuisce a favorire il sonno e il relax. Si può applicare qualche goccia su un fazzoletto da posizionare sul comodino o da tenere vicino al cuscino, oppure fare un massaggio al collo e alle spalle prima di andare a dormire.

Astringente: in impacchi con qualche goccia di essenza si dimostra particolarmente efficace sulle zone colpite da acne, foruncoli; in caso di pelle grassa, in cui si avverte la necessità di chiudere i pori, per aiutare la pelle a compattarsi. In 200 ml di acqua fredda aggiungere 8 gocce di essenza, con compresse di garza sterile fare impacchi contro acne e foruncolosi, badando a cambiare la compressa quando si riscalda.

Antinfiammatorio; usato per gargarismi e sciacqui, è consigliato nel trattamento delle congestioni a carico delle mucose del cavo orale, per cui è utile in presenza di mal di gola, faringite e gengiviti.

Antispasmodico: diluito in olio di mandorle dolci e massaggiato sul basso ventre, rilassa le contrazioni uterine dovute all'ovulazione e dolori mestruali; aiuta ad alleviare i disagi della menopausa e della sindrome premestruale, le nevralgie e il mal di testa.

Tonificante: indicato nei massaggi per riattivare la circolazione sanguigna, per combattere la cellulite, e nel trattamento, prevenzione o normalizzazione dei disturbi che traggono origine da un malfunzionamento del sistema circolatorio, come varici, fragilità capillare e couperose. L'olio essenziale di geranio è considerato utile per prevenire e alleviare le rughe. Ecco perché viene impiegato come ingrediente nelle creme anti-age. Si può aggiungere una sola goccia di olio essenziale di geranio alla crema idratante che utilizzata di solito per il viso. Come doposole, diluire 5 gocce di olio essenziale di Geranio, 5 di Camomilla e 1 di Menta Piperita in un cucchiaio di

Olio di Jojoba e aggiungere al bagno e/o frizionare prima di andare a dormire.

Cicatrizzante: diluito al 5-10% favorisce la guarigione di piaghe, tagli e scottature ed eritemi solari. Per curare le cicatrici, si consiglia di mescolare 10 gocce di geranio con 5 gocce di elicriso e 5 gocce di lavanda su 50 ml di olio di Jojoba o olio di rosa canina e usarlo regolarmente 2 volte al giorno per un periodo di 2-3 settimane.

Insettifugo: l'olio essenziale di geranio combatte le zanzare, o meglio le allontana, ed è per questo che balconi e terrazzi mostrano molto spesso una vasta esposizione di fioriere riempite di queste piante.

Diffusione ambientale: 1 goccia di olio essenziale di geranio per ogni mq dell'ambiente in cui si diffonde, mediante bruciatore di oli essenziali, contro le zanzare.

Lozione per gargarismi: in un bicchiere d'acqua a temperatura ambiente mettere 6 gocce di olio essenziale di geranio, contro le infiammazioni della bocca e per il mal di gola.

Controindicazioni: L'olio essenziale di geranio è considerato sicuro, per cui non ci sono particolari precauzioni alle quali attenersi. E' importante ricordare che l'utilizzo improprio degli oli essenziali può essere dannoso, per cui affidarsi sempre ai consigli di un'erborista.

Rosa

La rosa, fiore dalle proprietà eccezionali, è uno straordinario riequilibrante in grado di rinforzare il sistema nervoso, favorire la digestione e risvegliare la sessualità. Lo stress primaverile, che si presenta dopo mesi di lavoro, infierisce sulla salute dell'organismo, assorbendo le nostre energie e causando un abbassamento delle difese immunitarie. L'olio essenziale di rosa riduce gli attacchi di ansia, la sensazione costante di tensione e agitazione generata dallo stress e le conseguenti manifestazioni somatiche. Conosciuto per le sue numerose proprietà, svolge un'azione equilibrante, lenitiva e armonizzante, utile per l'autostima e contro ansia e rughe. La rosa è l'archetipo del fiore e il simbolo dell'amore sia profano che divino. Conosciuta da più di 3.000 anni, le civiltà antiche la usavano come ingrediente principale nella fabbricazione dei profumi e dei cosmetici insieme ad altri oli essenziali. Gli Arabi e i Berberi del Marocco hanno distillato e prodotto l'acqua di rose fin dal I secolo a. C e utilizzato l'infusione delle sue foglie per le proprietà antistress, toniche e antisettiche.

- La rosa è una delle essenze più difficili da distillare, perché occorrono dalle 4 alle 5 tonnellate di petali per ricavare 1 kg di olio essenziale. In una goccia di olio essenziale di rosa è presente quindi la fragranza di circa 30 rose; questa poca resa giustifica, purtroppo, il prezzo elevato del suo olio essenziale. L'olio essenziale di rosa è estratto dalla specie botanica Rosa damascena. Dato gli alti costi dell'olio essenziale di rosa, in commercio non mancano soluzioni già diluite.

La raccolta inizia da metà maggio a metà giugno, alle 4 del mattino e termina alle 9; dopo quest'ora, infatti, diventa troppo caldo, per cui le sottili parti volatili della rosa andrebbero parzialmente perse.
L'olio essenziale di rosa rientra tra quegli oli essenziali che, a temperatura ambiente, gelifica; diversamente, quando riscaldata, ritorna allo stato liquido. Questo ne determina anche l'evidenza della genuinità del vero olio essenziale di rosa.

- Parte utilizzata: petali dei fiori.
- Metodo di estrazione: estrazione in solvente.
- Nota di cuore: profumo floreale, morbido, delicato.

Armonizzante: se inalato, apre e rafforza il cuore. L'olio essenziale di rosa rilassa l'anima e attiva la disposizione per tenerezza e amore, perché sviluppa la pazienza, la devozione e l'autostima. Dona gioia e scaccia i pensieri negativi, equilibrando emozioni negative provocate da collera, gelosia e stress. Il profumo dell'essenza è un meraviglioso supporto sia psicologico sia fisico nella gravidanza: ottimo per accompagnare le donne durante il parto e accogliere il nuovo arrivato con dolcezza e amore. In menopausa aiuta a lenire tristezza e depressione. In caso di depressione nervosa, assumere 2 gocce di essenza di rosa due volte al giorno.

Equilibrante del sistema ormonale femminile. Se massaggiato sul ventre, calma gli spasmi in caso di dolori mestruali e argina le emorragie. Indicato nei disturbi legati agli squilibri ormonali, l'ansia e l'irritabilità che caratterizzano la sindrome premestruale e la menopausa. Per stimolare la funzionalità epatica, diluire 2 gocce in 1 cucchiaio di olio di mandorle dolci e massaggiare delicatamente la zona del fegato per qualche minuto senza premere, effettuando solo un leggero sfregamento circolare per far penetrare l'olio.

Antistress: 4 gocce di olio essenziale di rosa diluite in un cucchiaio di olio di jojoba e applicate al centro della fronte, sotto il mento e intorno all'ombelico, con un messaggio circolare ripetuto tre volte: ecco un'ottima strategia per combattere lo stress. Per completare e amplificare l'effetto rilassante del messaggio, è possibile bere una tazza di tè alla rosa.

Lenitivo: adatto a tutti i tipi di pelle, calma la cute infiammata o delicata. In casi di pelle sensibile, secca o matura svolge un'azione astringente, tonificante e antirughe. Diluito in olio di mandorle è efficace per preparare la pelle poco prima del parto e per proteggerla anche dopo, previene i prolassi e la tendenza all'aborto. L'olio di rosa è composto da molte sostanze nutrienti. Fra queste possiamo ricordare l'acido oleico, l'acido linoleico, il licopene e la vitamina A. proprio in virtù di queste sostanze riesce a proteggere la pelle dall'invecchiamento e contribuisce a diminuire le rughe.

Tonificante: contro l'astenia sessuale, utile per il massaggio di coppia o per un bagno rilassante con effetto afrodisiaco; è l'olio dell'amore e dell'erotismo, perché esalta la bellezza interiore e mitiga i conflitti infondendo pace e felicità. Preparare un olio da massaggio diluendo in 2 cucchiai di olio di mandorle dolci 2 gocce di olio essenziale di rosa e 2 di gelsomino.

Diffusione ambientale: 1 goccia per ogni mq dell'ambiente in cui si diffonde, mediante bruciatore di oli essenziali, o negli umidificatori dei termosifoni.

Bagno aromaterapico: 10 gocce di olio essenziale di rosa o, per un effetto ancor più rilassante, 3 gocce ciascuno degli oli essenziali di rosa, ylang-ylang e sandalo aggiunte all'acqua calda della vasca cancelleranno ansia, tensione e stress, e favoriranno il riposo notturno.

Olio per massaggi: in 200 ml di olio di mandorle dolci mettere 20 gocce di olio essenziale, massaggiare il corpo durante la gravidanza o in caso di smagliature e pelle secca.

Crema antirughe: qualche goccia in una crema neutra la renderanno un prezioso rimedio anti età.

Controindicazioni: Alle dosi consigliate, non presenta controindicazioni. Non adatto a bambini al di sotto dei 3 anni, in gravidanza e durante l'allattamento.

Vetiver

Conosciuto per le sue numerose proprietà, è immunostimolante e antireumatico, utile anche in caso di astenia e anemia. E' indicato in caso di stanchezza, esaurimento, dolori muscolari e reumatici, problemi digestivi, amenorrea, pelle grassa. La fragranza dell'olio essenziale di vetiver è tanto energetica quanto rilassante, e ha effetti sedativi, tonificanti e afrodisiaci. In aromaterapia, per le sue molteplici proprietà, questa essenza viene consigliata per il trattamento dei disturbi più diversi. Grazie alla sua azione sedativa, l'olio essenziale di vetiver contrasta il nervosismo e la tensione, ed è ottimo per distendere il corpo e la mente con un bagno o un massaggio rilassante, così come nel trattamento dell'insonnia. La contemporanea azione calmante ed energizzante lo rende molto efficace negli stati ansiosi e depressivi, e per contrastare la stanchezza psicologica. L'attività tonificante dell'olio essenziale di vetiver fortifica il nostro organismo, soprattutto il sistema immunitario, stimola la circolazione ed è efficace nel contrastare i processi degenerativi. È un eccellente rimedio per il trattamento di dolori muscolari e reumatici.

Le proprietà depurative dell'olio essenziale di vetiver si esplicano sia a livello sistemico che locale, rendendolo utile nel trattamento di disturbi circolatori e della cellulite. Applicato sulla pelle, oltre a purificarla, l'olio essenziale di vetiver ha effetti antisettici, tonificanti e rigeneranti, che lo rendono efficace nel normalizzare le pelli grasse, anche in presenza di acne e dermatite seborroica.

Le radici di Vetiver sono un antico rimedio utilizzato nella tradizione ayurvedica per alleviare il mal di testa e abbassare la febbre. In Oriente le radici venivano utilizzate per la creazione di canestri e stuoie e poi spruzzate di acqua in modo tale che nei giorni di grande calura emanassero l'aroma di vetiver, dalle proprietà insettifughe. L'olio essenziale di vetiver si ottiene per distillazione in corrente di vapore della radici della pianta essiccate. Nota di base, questa essenza mostra una certa viscosità e una colorazione ambrata, e titilla l'olfatto con la sua dolce e fresca fragranza esotica, dai toni terrosi, legnosi e leggermente affumicati, che richiama l'odore del sottobosco. Oltre a essere usato da solo, l'olio essenziale di vetiver può venire combinato con altri oli; si sposa particolarmente bene con le essenze di lavanda, achillea, rosa e salvia, ma anche con altre note di base quali patchouli e sandalo.

- Parte utilizzata: le radici essiccate.
- Metodo di estrazione: distillazione in corrente di vapore.
- Nota di base: profumo dolce-amaro, legnoso, terroso.

Rafforza le difese immunitarie: il vetiver contribuisce a rafforzare le difese immunitarie e agisce come stimolante sulla circolazione del fegato e del pancreas, aiutando quindi l'organismo a depurarsi. Anche in questo caso, l'olio essenziale va massaggiato miscelandone 50 gocce in 50 ml di olio base, preferibilmente di calophylla. Ripetere il massaggio su tutto il corpo 3 volte a settimana.

Pulizia: 2 gocce di olio essenziale di Vetiver nel sapone per la pulizia quotidiana del corpo. Aggiunto allo shampoo contrasta l'eccesso di sebo del cuoio cappelluto.

Tonico per la pelle: per disinfiammare la pelle e riequilibrarla mettere 2 gocce di olio essenziale in una soluzione idroalcolica da utilizzare dopo la pulizia del viso. Per la pelle grassa mettere 25 gocce di olio essenziale di Vetiver in 50 ml di crema idratante. Mescolare a lungo per far amalgamare i due ingredienti. Usare questa crema dopo aver pulito il viso con cura la sera prima di coricarsi.

Diffusione ambientale: aggiungere nel diffusore 1 goccia di olio essenziale di vetiver per metro quadrato di superficie dell'ambiente. Ciò renderà la nostra casa piacevolmente profumata, regalandoci aria purificata e contrastando tensione e nervosismo.

Bagno rilassante: per cancellare ansia e stress diluire 15 gocce di olio essenziale di vetiver nella vasca. Per un effetto ancor più rilassante immediatamente dopo il bagno praticare un leggero massaggio alle tempie e alla fronte con 2 gocce di olio essenziale di vetiver diluite in 1 cucchiaio di olio di mandorle. Doccia: 3-4 gocce su un guanto di spugna bagnato massaggiare delicatamente tutto il corpo.

Per massaggio: 2 gocce di olio essenziale da miscelare a una pomata all'arnica da applicare per lenire dolori articolari e muscolari. In alternativa 3 gocce di Vetiver da aggiungere a un cucchiaio di olio di Sesamo da massaggiare sulle zone dolenti, o sull'addome per facilitare la digestione.

Circolazione: un ottimo rimedio sono i pediluvi. In acqua calda diluire 10 gocce di olio essenziale di vetiver e mantenere i piedi immersi per minimo 15 minuti. Ripetete quotidianamente per una ventina di giorni.

Acne: sono efficaci impacchi freddi con cadenza due volte a settimana effettuati con 200 ml di acqua distillata in cui avremo disciolto 10 gocce di olio essenziale di vetiver.

Controindicazioni: da assumere solo esternamente. L'olio essenziale non deve essere utilizzato puro direttamente sulla pelle o sulle mucose, perché potrebbe provocare irritazioni.
Controindicato durante gravidanza e l'allattamento, e nell'infanzia.

Fiori Himalaya associati al settimo chakra

I Fiori Himalayani Enhancers influiscono direttamente nei vari livelli d'energia controllati dai Chakra, rimovendo i sentimenti negativi e stimolando quelli positivi. I Fiori Himalayani Enhancers sono stati individuati da Tanmaya nel 1990, durante una sua permanenza durata alcuni mesi in una valle Himalayana. Il termine Enhancers significa catalizzatori, perché le essenze non sono solo rimedi volti a lavorare su emozioni e stati interiori negativi ma favoriscono anche processi di riequilibrio energetico e di sviluppo spirituale molto profondi per portare alle luce qualità sepolte all' interno della persona. Possono essere assunti puri da soli o diluiti insieme ai Fiori di Bach o ad altri Fiori. Le prime preparazioni di Tanmaya riguardarono nove combinazioni, sette direttamente collegati ai plessi, meglio noti col nome indiano di chakra più un catalizzatore generale e un fiore particolarmente indicato per i bambini; successivamente il loro numero si è moltiplicato con la scoperta di nuovi fiori, adatti a modulare emozioni specifiche.

Sono Fiori con un effetto molto rapido e potente, a differenza dei Fiori di Bach, che sono tra i più lenti e delicati; questa potenza a volte è molto utile, altre volte può rappresentare un rischio di eccessiva azione. Mentre i Fiori di Bach possono essere considerati rimedi principalmente emozionali, cioè volti al riequilibrio delle emozioni umane, i Fiori Himalayani, proprio grazie alla natura del terreno sul quale crescono, si rivolgono essenzialmente

alla dimensione spirituale dell'uomo, stimolando il bisogno di preghiera, di meditazione e di connessione con il divino che dimora in lui.
Le essenze floreali himalayane sono estratti liquidi che contengono l'energia del fiore da somministrare generalmente per via orale, inoltre possono essere usate nell'acqua del bagno, nebulizzate sul corpo o nell'ambiente, oppure unite all'olio per il massaggio.

Flight

Flight sviluppa l'unicità, la meditazione, la preghiera, aiuta ad andare oltre la forma, verso il Sé più profondo, all'unione di corpo, mente e spirito. Rimedia al senso di separazione, d'isolamento, ai vuoti di significato, ai sentimenti di insignificanza. Stimola una luminosità e un sorriso interiore che si riflettono visibilmente sul volto e in tutto il corpo della persona; nello stesso tempo rilassa la mente e dona pace e tranquillità.
La posologia di assunzione delle essenze, pure o diluite, e è di due gocce sotto la lingua più volte al giorno. Se Sahasrara non è equilibrato, il soggetto può essere tentato dalla magia nera, cadere vittima della superstizione, tendere all'isolamento e perdere il senso della realtà. L'essenza potenzia l'unicità, la meditazione, la preghiera, l'unione armonica di mente, corpo e spirito. Contrasta efficacemente la tendenza all'isolamento.

Fiori Californiani associati al settimo chakra

I Fiori Californiani estendono i Fiori di Bach.
Richard Kats e Patricia Kaminski, fondatori della FES (Flower Essence Society), insieme al lavoro di altri ricercatori hanno scoperti più di 150 fiori a partire dal 1979. Lavorano su problematiche specifiche più moderne e attuali e che al tempo in cui Bach è vissuto non erano così preponderanti o non se ne parlava ancora come oggi: l'anoressia e la bulimia, i disturbi sessuali, le malattie derivate dall'inquinamento ambientale. E' possibile creare delle essenze composite unendo Fiori di Bach e Californiani, così come essenze di altri repertori floriterapici di altre parti del mondo. I rimedi floreali californiani si preparano nello stesso, semplice modo dei fiori di Bach, ponendo le corolle di fiori selvatici in una ciotola di vetro piena d'acqua di sorgente e lasciandoli in infusione al sole per qualche ora. Questo liquido, ricchissimo di forza vitale, viene poi filtrato, diluito in brandy e utilizzato per la preparazione delle cosiddette stock bottles (o concentrati). La scelta delle essenze, come avviene per i fiori di Bach, é sempre personalizzata e in relazione allo stato d'animo e alle emozioni che si vogliono riequilibrare. Una volta scelto il rimedio o i rimedi indicati per il problema personale, si versano due gocce di ciscuno in una boccettina con contagocce da 30 ml., riempita con acqua minerale naturale e due cucchiaini di brandy come conservante.

Il dosaggio è di 4 gocce 4 volte al giorno, per un periodi di alcune settimane o comunque fino al miglioramento o alla scomparsa dei sintomi.

Essendo una cura del tutto naturale e priva di tossicità, non presentano alcuna controindicazione, non provocano effetti collaterali, possono essere combinati senza problemi sia ai farmaci tradizionali sia a quelli omeopatici (di cui sono considerati complementari) o ad altri rimedi floriterapici.

Angel's Trumpet

Questo fiore serve per affidarsi nel grande passaggio della vita che è la morte. E' utile per affrontare questo momento in maniera serena, senza angoscia, superando desideri e attaccamenti che ci tengono attaccati al corpo fisico. Trasforma la paura dell'ignoto in una consapevolezza di vita spirituale. Utile anche per chi assiste persone morenti. Utile nelle situazioni in cui è richiesto un abbandono totale, una resa incondizionata. I momenti più difficili possono essere vissuti con serena consapevolezza come occasioni evolutive e non come prove durissime e terrificanti. Una parola chiave per comprendere Angel's Tmumpet è affidarsi - per le situazioni in cui non ha più senso lottare con la morte, o per la resa dell'ego, quando l'individuo deve sottomettersi totalmente a un processo di spiritualizzazione.

- Con Angel's Trumpet l'individuo è in grado di vivere questi processi come transizioni gioiose invece che come prove spaventose.

L'individuo realizza che la morte è una forma di nascita, se vista dal mondo spirituale, e riesce a riconoscere gli esseri spirituali che sono in attesa nell'altro mondo. Questo rimedio è di grande aiuto per il lavoro negli ospizi, nelle guerre, in caso di calamità naturali e per tutte le occasioni in cui siamo chiamati ad assistere le persone amate che stanno lasciando il mondo fisico; è di aiuto, inoltre, per i terapisti che devono guidare l'individuo attraverso processi di profonda trasformazione, di "rinascita". Angel's Trumpet facilita la radicale apertura dell'animo, trasformando la paura della morte in una consapevolezza della vita spirituale.

Per chi pratica meditazione e segue la via spirituale è utile per l'abbandono dei desideri e degli attaccamenti.

Angelica

Pianta erbacea biennale della famiglia delle Ombrellifere. Steli eretti, robusti, cavi e possono arrivare ai due metri di sviluppo. Vive in climi temperati. Le foglie, verde lucido, lunghe fino a mezzo metro, picciolate e dotate di un'ampia guaina chiara che avvolge lo stelo, sono pennate con margine seghettato. I fiori leggermente profumati, sono minuti e sempre riuniti in grandi ombrelle compatte e rotonde. Fiorisce in tarda estate, le infiorescenza hanno un profumo dolce.
Angelica, proprio come un angelo fa sentire protetti e guidati durante i cambiamenti o i momenti di transizione e infonde quindi forza e coraggio. Dona la consapevolezza di essere protetto e guidato a chi ha paura di essere abbandonato al proprio destino. Questa sensazione di essere protetti e tutelati è di estrema importanza per la vita interiore dell'individuo, poiché gli dà grande forza e coraggio per affrontare il suo lavoro di trasformazione e risanamento del mondo.

- Angelica incoraggia in particolar modo l'individuo a instaurare un rapporto con il mondo spirituale, trasformando la percezione troppo astratta delle energie spirituali in una piena sensazione della presenza spirituale e degli esseri spirituali.

Tale consapevolezza viene particolarmente sviluppata nei confronti di quel mondo di esseri spirituali che si trova immediatamente ai confini con il mondo umano: il mondo degli angeli. Attraverso un vivo rapporto col reame angelico, l'uomo riceve protezione e guida nella vita quotidiana, nei momenti di crisi o nell'esperienza del trapasso. Utile nei momenti di grande pericolo quando ci si vorrebbe abbandonare alla disperazione. Stimola le difese interne del corpo e fortifica l'anima e la rende più consapevole delle proprie capacità e della vera causa dei problemi. Utile anche per chi assiste malati terminali e per donne in gravidanza per favorire la protezione del bambino.

Fawn Lily

Sono persone che vivono isolate, sono inclini a stati di meditazione, contemplazione e preghiera, ma sono troppo delicate e mancano di auto-protezione per affrontare il mondo. Non sono capaci di vivere la loro spiritualità nel mondo.

- Le persone che necessitano di Fawn Lily hanno le energie della spiritualità altamente sviluppate, così tanto che è difficile per loro affrontare gli stress e le tensioni della società moderna. I loro animi sono naturalmente inclini agli stati di contemplazione, di meditazione e di preghiera, è più facile per loro stare in queste modalità di spiritualità piuttosto che essere troppo nel mondo.

Tuttavia, l'individuo può diventare troppo maturo e troppo sviluppato nella sua spiritualità.
Le persone Fawn Lily hanno bisogno di seminare le grandi doti che hanno accumulato, in modo da evolvere e progredire, altrimenti diventano troppo introverse e emotivamente fredde, mancando loro le capacità di trarre forza e vitalità dal mondo fisico. Fawn Lily stimola le innate potenzialità di guarigione e di insegnamento ditali individui, in modo che l'animo si evolva dal suo archetipo di vergine cosmica arrivando ad essere madre del mondo, o servitore del mondo.

Lotus

Catalizzatore per i processi di guarigione, apre alla spiritualità. Porta alla concretezza chi tende troppo ad astrarsi. Equilibrio tra spiritualità e fisicità.
L'individuo è predisposto a portare una corona di luce e, in effetti, è dotato di un impercettibile centro di energia chiamato chakra della corona.
Questo chakra dà all'individuo il senso di dignità e la consapevolezza della sua natura regale o divina.
Ma la corona può essere portata in maniera giusta solo dalla persona che ha acquisito una vera obiettività e umiltà interiore.
Lotus è un rimedio specifico per gli squilibri del chakra della corona. Esso agisce come elisir spirituale o armonizzante, aiutando l'individuo a aprirsi alla propria divinità interiore.
Tuttavia, un individuo può sviluppare in maniera eccessiva la sua spiritualità. Se il chakra della corona è troppo sviluppato in rapporto agli altri centri di energia, soprattutto al cuore, il fiore Lotus riporta nella giusta direzione e in equilibrio le forze spirituali. Lotus cura in particolare la tendenza verso l'orgoglio spirituale, o l'illusione che l'Io è "spiritualmente perfetto o superiore".
Lotus è un rimedio eccellente per incitare e armonizzare la coscienza superiore e, soprattutto, per integrare la spiritualità in modo equilibrato con gli altri centri di energia.

Purple Monkeyflower

Per chi ha paura dell'occulto o è troppo superstizioso. E' il fiore apposito per le paure legate alle esperienze di natura spirituale o psichica.

- Come le altre specie Mimulus (Monkeyflower), Purple Monkeyflower si rivolge alla paura provata dall'individuo. Purple Monkeyflower è indicato specificatamente per la paura legata alle esperienze di natura spirituale o psichica. Più in particolare, Purple Monkeyflower è di grande beneficio per gli individui, il cui grande bisogno di sicurezza e di salvezza li porta ad affidarsi alle strutture socio-religiose convenzionali, anche se ciò molte volte non esaudisce la reale necessità di evoluzione della loro anima.

Ciò crea un conflitto interiore tra gli impulsi spirituali e le convenzioni o le aspettative esterne.
La paura di "andare fuori strada" e di seguire il proprio percorso può poi essere accentuata da dogmi religiosi rigidi e severi che includono minacce di punizioni e di condanna. Purple Monkeyflower è un potente purificatore e ha la capacità di ridimensionare le idee basate sulla superstizione culturale e religiosa.
Purple Monkeyflower è indicato anche per l'intensa paura, le allucinazioni o la paranoia

provocate da un'iniziazione spirituale improvvisa o inaspettata, come nel caso di uso di droghe, abuso di rituali o manipolazioni psichiche. In tali casi l'individuo sviluppa una profonda paura del mondo spirituale, vedendolo demoniaco o terrificante.

La strada della guarigione è quella del coraggio per vivere la propria vera esperienza affrontando i fenomeni spirituali in maniera calma e conscia.

Con questo coraggio l'individuo è in grado di trovare la vera guida spirituale, sostegno e supporto per la vita sulla Terra.

Fiori Australiani associati al settimo chakra

I Fiori Australiani Bush (Australian Bush Flower Essences) sono a oggi 69 più 19 Essenze create dalla combinazione di Fiori Australiani e sono stati introdotti da Ian White, biologo e psicologo australiano. Non sono ancora molto conosciuti e utilizzati in Italia dal grande pubblico, ma sono molto apprezzati dai Floriterapeuti e troviamo Fiori Australiani inseriti in molti complessi fitopreparati e omeopatici. Sono tra i fiori più potenti e di largo impiego dopo i Fiori di Bach, hanno un'energia molto elevata, una delle più alte tra i rimedi floreali. Gli Aborigeni australiani hanno sempre utilizzato i Fiori per trattare i disagi o gli squilibri emozionali, così come avveniva nell'antico Egitto, in India, Asia e Sud America. La dose, sia per gli adulti sia per i bambini, consiste in sette gocce da assumere due volte al giorno (mattina e sera) sotto la lingua, o in un poco di acqua. Le essenze dovrebbero essere assunte per circa venti giorni o un mese, eccezion fatta per essenze particolarmente potenti. Essendo una cura del tutto naturale e priva di tossicità, non presentano alcuna controindicazione, non provocano effetti collaterali, possono essere combinati senza problemi sia ai farmaci tradizionali sia a quelli omeopatici (di cui sono considerati complementari) o ad altri rimedi floriterapici. Si può preparare un solo rimedio (la cui azione sarà allora particolarmente "mirata", profonda e veloce), oppure miscelare tra loro rimedi diversi; in questo caso é consigliabile non superare le 4 o 5 essenze e, se possibile, cercare di scegliere fiori dalle proprietà tra loro affini e sinergiche per trattare un problema specifico. I fiori australiani sono molto efficaci anche in applicazione cutanea e possono essere aggiunti a creme, gel, oli per il massaggio, pomate medicate oppure diluiti nell'acqua del bagno. Per un trattamento topico la quantità consigliata è di circa 7 gocce di ciascun rimedio scelto, da amalgamare in mezza tazzina di crema; nella vasca da bagno vanno invece versate 15–20 gocce di ogni essenza. La durata del trattamento dipende sempre dalla risposta individuale. Spesso si ottiene una reazione positiva in circa due settimane e mediamente due mesi sono sufficienti per riequilibrare numerose problematiche psicofisiche. Alcuni fiori particolarmente "potenti" (come, per esempio, Waratah) esercitano di solito un'azione molto rapida, anche in pochi giorni. Molte volte, dopo aver risolto un disagio o un conflitto interiore, possono emergere altri squilibri emozionali, che andranno via via trattati con i fiori corrispondenti.

Bush Iris

Sono fiori di colore violetto che fioriscono a inizio primavera e crescono in grandi quantità. Ma sono fiori molto delicati, fioriscono solo per alcune ore, appassiscono nel tardo pomeriggio e poi svaniscono, ma sembra che riappaiano poco tempo dopo perché tutti i fiori sono contenuti nella stessa brattea spessa e compatta e quello morto viene rimpiazzato da un altro bocciolo.

Paura della morte, materialismo, rifiuto della spiritualità, negazione di tutto ciò che è materiale, ateismo, estremismo. Percezione spirituale dell'individuo e della realtà al di là del piano materiale e fisico. Consente all'individuo di accedere alla propria dimensione spirituale e di aprire le porte delle proprie percezioni più fini. Permette che la fede penetri nel profondo dell'individuo. Si tratta di persone che soffrono un profondo attaccamento ai possessi materiali.

Avari, mondani, generalmente hanno una concezione atea della vita. Possono avere anche tratti di intellettualismo, incredulità ed eccessivo realismo. Le principali emozioni che vivono sono: avarizia, paura, insicurezza, possessività, frustrazione, insoddisfazione, blocco, poca sensibilità e scarsa capacità di emozionarsi.

La funzione principale di questo fiore è lo sviluppo della vita spirituale, l'amplificazione della coscienza e il combattere la paura alla morte. Aumenta la percezione.

Quando l'individuo deve sviluppare la sua vita spirituale perché trova piacere solo negli eccessi e

nella soddisfazione delle proprie necessità, come possono essere assuefazioni, sesso, alimentazione.
È un ottimo rimedio nei casi in pazienti terminali o dominati per la paura alla morte alleviando l'angoscia e la sofferenza collegate a questa transizione.
Va combinato con Sunshine Wattle.
Sunshine Wattle aiuta ad accettare e godere della bellezza del presente, sviluppando fiducia per il futuro e ripristinando l'ottimismo. Per coloro che non ricordano il passato come un momento felice, sono ancora invischiati in ciò che gli è accaduto e portano le proprie esperienze negative anche nel presente. Sensazione di dover sempre lottare per guadagnarsi qualcosa.
Il fiore dona ottimismo, speranza.
Aiuta a rendersi conto di quanto sia bello e fonte di gioia il presente che diventa una piacevole premessa per il futuro. Ottimo rimedio da prendere quando la vita è temporaneamente difficoltosa, sembra essere una grande battaglia o quando niente di buono sembra succedere. Le emozioni predominanti per le persone che hanno bisogno di questa essenza sono: delusione, mancanza di attaccamento alla vita, fatalismo, scoraggiamento, tristezza, mancanza di allegria, raccoglimento, non affettività, rassegnazione, pessimismo.
La lezione che deve imparare è quella di accettare che la vita non è lineare, ma ha alti e bassi.
Bisogna imparare a credere nel futuro.

Fiori di Bach associati al settimo chakra

I fiori di Bach - o rimedi floreali di Bach - sono una medicina alternativa ideata dal medico britannico Edward Bach, nato il 24 settembre 1886 a Moseley da una famiglia Gallese in Inghilterra. Si laureò in medicina nel 1912 e da subito lavorò al pronto soccorso dell'ospedale universitario dove iniziò a farsi notare per la gran quantità di tempo che dedicava ai pazienti. Fu subito critico nei confronti degli altri medici, in quanto studiavano la malattia come se fosse separata dall'individuo, senza concentrarsi sui malati stessi. E' risaputo che i nostri stati emotivi hanno una profonda influenza sul nostro benessere e sulla nostra salute. Uno stato emotivo alterato che si ripete ogni giorno crea delle vere e proprie disfunzioni del nostro organismo.
Il 90% delle cause delle malattie dell'uomo proviene da piani che si trovano al di là di quello fisico, ed è su questi piani che i sintomi cominciano a manifestarsi, prima che il corpo fisico mostri qualche disturbo. Se riusciamo a individuare gli stati d'animo negativi che affiorano quando ci ammaliamo, possiamo combattere meglio la malattia e guarire più in fretta. Usando i rimedi floreali si tenta di influire sulle strutture più profonde, dalle quali la malattia ha origine. I Fiori di Bach riequilibrano le emozioni. Si rivolgono solo ed esclusivamente a come reagiamo emotivamente alle vicissitudini, alle esperienze e ai problemi nelle nostre giornate. Donano una grande serenità e pace, coraggio o forza, aiutano a sentirci nel pieno delle nostre possibilità.

Possono essere utili a fronte di una malattia, non dal punto di visto fisico ma proprio come sostegno dell'umore. La persona è vista come un individuo completo dove le emozioni sono un punto cardine, e non solo come corpo fisico con dei sintomi. Bisogna quindi analizzare lo stato emozionale e non i sintomi fisici, in base a questo si trovano i rimedi adatti. Infatti soggetti con identici problemi fisici, reagiscano e vivono con emozioni e sentimenti differenti. I fiori di Bach non hanno controindicazioni e non interagiscono con i farmaci.

Bach ha così suddiviso i 38 fiori dai quali si traggono i rimedi. I primissimi fiori scoperti da Bach furono i cosiddetti "12 Guaritori", che il medico gallese iniziò prontamente a sperimentare prima su se stesso e poi sui suoi pazienti; gli altri 26 vennero scoperti poco tempo dopo, divisi in "7 Aiuti" e "19 Assistenti". Il Dr Bach abbandonò in seguito la distinzione tra "Guaritori", "Aiutanti" e "Assistenti" ritenendola superflua, ma molte persone nel mondo continuano a utilizzarla ugualmente. I Fiori di Bach non aiutano a reprimere gli atteggiamenti negativi, ma li trasformano nel loro lato positivo. I Fiori di Bach associati al secondo chakra lo sono solo a titolo generale, perché i fiori vanno comunque scelti basandosi sull'emozione non in armonia che va equilibrata.

Water Violet

Appartiene alla categoria dei "Guaritori" ed è stata la decima a essere stata scoperta dal dott. Edward Bach. Chi ha bisogno di questo fiore è una persona che ha molta stima di sé, al di sopra della norma. E' tendenzialmente silenziosa, tranquilla, non si lascia influenzare mai dal parere degli altri, resta spesso in disparte, misteriosa, tenebrosa, molto riservata, altezzosa, ascolta volentieri i problemi degli altri dando un consiglio. Il problema di chi ha questa indole, è l'orgoglio, difficilmente chiede scusa e se in torto ha la capacità di ribaltare la situazione perché ha la convinzione di non sbagliare mai. Si è comunque delle persone responsabili che gli altri apprezzano e ricercano, pur essendo un po' distaccati. "Casa dolce casa" è il motto di Water Violet. Ci si sente sicuri nel proprio ambiente, senza troppi scossoni. Questo distacco dagli altri può rendere superbi o orgogliosi. Spesso questo loro distacco è dovuto a situazioni in cui non potevano esprimere il loro aspetto emotivo. Per questo si chiudono e si irrigidiscono.
Il rimedio può aiutare a riportarle in equilibrio cosicché possano ritrovarsi più coinvolte con il prossimo. Le Water Violet soffrono spesso di disturbi alimentari, di ipertensione, mal di pancia, cefalee. Questi caratteri non riescono a esternare i propri sentimenti pur essendo, una loro primaria necessità; di conseguenza, si può notare un piccolo confronto con Agrimony, anche lui nasconde i problemi ed è riluttante a esternare i suoi veri sentimenti, ma per altre motivazioni. Nei bambini,

questi caratteri si riscontrano nei casi in cui non vogliono giocare e mischiarsi con altri per orgoglio. Con Water Violet si è saggi e si attraversa la vita con gentilezza e riservatezza.
Stati d'animo e sintomi collegati a Water Violet in ordine di importanza:

- Orgoglio e riservatezza
- Riservatezza e indipendenza
- Si vogliono risolvere i problemi da soli
- Collo rigido
- Individualità
- Rigidità Articolare
- Si parla poco

Definizione di E. Bach

Per quelli che in salute o in malattia amano stare soli. Persone molto quiete, che si muovono senza far rumore, parlano poco e in modo sommesso. Molto indipendenti, capaci e sicure di sé. Non danno grande importanza alle opinioni altrui. Sono riservate, lasciano in pace le persone e vanno per la propria strada. Spesso acute e di talento. La calma e la tranquillità che le contraddistinguono sono una benedizione per chi sta loro intorno.

Impatiens

Appartiene alla categoria dei "Guaritori" ed è stata la seconda pianta scoperta dal dott. Edward Bach. Chi ha bisogno di questo fiore è una persona impaziente, parla velocemente, mangia velocemente, si veste velocemente, si pettina velocemente, si trucca velocemente, lavora velocemente, cammina velocemente, pensa qualcosa e subito agisce. Si fa tutto di fretta, passando da una cosa all'altra. Le persone lente non sono sopportate, tanto che si preferisce star soli con il proprio ritmo, piuttosto che dietro ai tempi degli altri. Le persone Impatiens hanno bisogno di imparare che velocità non è uguale a frenesia. Un ulteriore sintomo di Impatiens è l'intrattabilità appena svegli. Con Impatiens si vive il proprio e altrui ritmo con pazienza e disponibilità. Il concentrato di Impatiens è indicato per chi è facilmente irritabile. A causa dell'impazienza provata, la persona pensa di dover fare tutto subito, e per questo adotta un'alta velocità nelle sue azioni, nei suoi pensieri e addirittura nel suo modo di parlare. La propria competenza e efficienza la inducono a lasciarsi irritare e frustrare da colleghi più lenti e di conseguenza a preferire di lavorare da sola. A causa del suo spiccato senso di indipendenza essa detesta perdere tempo inutilmente e nei colloqui spesso termina le frasi degli altri al posto loro. Sono dei caratteri sempre in ansia e sono soggetti a tachicardia, hanno spasmi digestivi, disturbi psicoemotivi, cervicalgia, crampi e acidità. Si nota altresì come questo fiore funzioni anche nei bambini ipercinetici, donando loro calma e sollievo.

- Il rimedio floreale si prepara con il metodo solare usando saltando i fiori di colore lilla tendente al rosa, senza toccarli con le mani, e ricoprendo la superficie dell'acqua nella bacinella.

Stati d'animo e sintomi collegati ad Impatiens in ordine di importanza:

- Non si sopportano consigli e interferenze
- Impazienza
- Idealismo ed impazienza
- Iperattività per cui ci si muove in continuazione
- Fastidio per i contrattempi
- Balbuzie per la fretta
- Bulimia con fame esagerata per cui si può diventare aggressivi
- Aggressività dovuta all'impazienza
- Decisioni affrettate
- Collo teso
- Incidenti a causa dell'eccessiva fretta
- Torcicollo

Definizione di E. Bach

Quelli che sono veloci in pensieri e azioni e desiderano che tutto sia fatto senza esitazione o ritardo. Quando malati desiderano ansiosamente una rapida guarigione. Trovano difficile essere pazienti con le persone lente, considerandolo un difetto e una perdita di tempo, e si adoperano in tutti i modi per rendere tali persone più sollecite. Spesso preferiscono lavorare e pensare da soli, per poter fare tutto secondo i propri ritmi.

Heater

Appartiene alla categoria degli "Aiuti".

Chi ha bisogno di questo fiore è una persona che cerca sempre di comunicare con gli altri anche per le piccole cose, andando alla ricerca continua di affetto e di consolazione ed è solo in questo modo che trae la sua felicità; ma se il contatto viene interrotto, per una ragione qualsiasi, la sofferenza diventa una tortura. Il problema è che ha paura di rimanere sola, quindi il bisogno di compagnia e di essere ascoltato diventa un'ossessione. Heather ha bisogno di amore, di sentirsi considerato. In certe situazioni di sofferenza o di fronte a problemi che si presentano si ha un gran bisogno di parlarne con gli altri, ma quando poi questo bisogno di avere sempre qualcuno vicino diventa eccessivo e non si riesce a star soli, Heather viene in aiuto concentrando le proprie energie dentro se stessi e rendendo anche più facile il rapporto con gli altri. La persona con questa indole non amerà mai la solitudine, si avvicinerà volentieri agli altri per scambiare qualche parola ma questa volta interromperà la conversazione con atteggiamento positivo verso se stessa. Cercherà sempre l'attenzione nel gruppo ma senza esagerare e senza lamentarsi. Fiore prezioso per coloro che si sentono egocentrici e ipocondriaci, che hanno desiderio di ascoltare di più il prossimo, che hanno tanto fiducia in sé e che si sentono competenti da non dubitare mai delle proprie capacità di consigliare o dare supporto.

Con Heather si è capaci di ascoltare e di entrare in contatto con gli altri. Si trovano valori per la propria vita.

- Per preparare il rimedio floreale si prendono le spighe al di sopra dei fiori maturi, da più piante, e si posano il più velocemente possibile sull'acqua (metodo del sole).

Stati d'animo e sintomi collegati a Heather in ordine di importanza:

- Loquacità con chiunque
- Bisogno di attenzioni continue
- Per avere attenzioni ci si inventa delle malattie
- Solitudine che si evita sempre
- Pianto facile
- Cibo come ossessione
- Possessività verso chiunque per paura della solitudine
- Auto compatimento per ottenere attenzioni
- Si parla molto
- Commiserazione di sé
- Ossessione del cibo
- Bulimia con loquacità
- Ansia a causa di eccitazione

Definizione di E. Bach

Quelli che sono sempre alla ricerca della compagnia di chiunque possa mostrarsi disponibile, trovando necessario discuterei propri affari con gli altri, non importa di chi si tratti. Sono molto infelici se debbono star soli per qualche tempo, breve o lungo che sia.

Chicory

Appartiene alla categoria dei "Guaritori" ed è la quinta pianta medicinale scoperta da Edward Bach. Chi ha bisogno di questo fiore è una persona che dedica le sue forze mentali e fisiche verso i bisogni delle persone che ama esercitando un certo controllo. Di solito la persona con questa indole si riconosce facilmente perché ha sempre qualcosa da aggiustare alla persona cara: tipo il colletto della camicia, i capelli, il trucco, inoltre dà consigli sull'abbigliamento, sul partner, sulle amicizie, e chiede che sia ricambiata, come se fosse un lavoro, una catena di montaggio io do a te, tu dai a me. Si vuole bene agli altri, ma si vuole essere contraccambiati. Classico personaggio del manipolatore interessato che probabilmente non accetterà facilmente questa definizione. Ma se spesso viene da pensare: dopo tutto quello che ho fatto, guarda come mi tratta. Allora è il caso di prendere in considerazione Chicory. La persona con questa indole penserà sempre come migliorare la vita delle persone amate, perché vuole che siano felici, ma il rimedio floreale li aiuterà a capire che ognuno ha un proprio destino da seguire e che non è necessario manipolare; inoltre imparerà a donare amore, senza pretendere nulla in cambio. Con Chicory si comprendono le vere qualità dell'amore dando protezione e sicurezza agli altri in completa autonomia.Viene preparata con il metodo del sole, e siccome il fiore appassisce presto bisogna avere una bacinella con dell'acqua pronta.

Stati d'animo e sintomi collegati a Chicory in ordine di importanza:

- Orgoglio per la propria casa
- Gelosia e possessività con chi si ama
- Gelosia con possessività
- Pianto facile
- Amore esagerato per la casa
- Ipocondria per ottenere attenzione
- Intromissione negli affari altrui con critica
- Senso di abbandono nei genitori quando i figli diventano Depressione per non essere amati
- Bisogno di riconoscimenti
- Avidità come bramosia
- Desiderio di comando con autoritarismo
- Abbandono, per i genitori che recriminano quando i figli vanno per la loro strada
- Bisogno di ordine nelle casalinghe modello
- Amore come possessività nei confronti altrui.

Definizione di E. Bach

Coloro che sono attenti ai bisogni altrui. Essi hanno la tendenza a prendersi eccessivamente cura di bambini, parenti, amici e trovano sempre qualcosa di sbagliato da mettere a posto. Continuano a correggere ciò che a loro avviso non va e traggono piacere nel farlo. Vorrebbero sempre avere vicino coloro che amano.

Agrimony

Appartiene alla categoria dei "Guaritori" ed è la quarta pianta medicinale che Edward Bach scoprì nel 1930. Agrimony è per tutti coloro che hanno paura di mostrare i propri sentimenti, sempre sorridenti, portano spesso la maschera delle persone giulive, anche quando soffrono. Usano sostanze stimolanti quando hanno dei problemi che li assillano.In Agrimony la tensione, l'ansia interna non viene manifestata con gli altri. Ciò che preoccupa viene tenuto nascosto e mascherato con la voglia di ridere a tutti i costi. Talvolta le persone di tipo Agrimony fanno uso di alcool o sostanze stimolanti per cercare di mantenere questa facciata di serenità. Solitamente non amano la solitudine, trovando più difficile indossare questa maschera quando si trovano da soli con se stessi. Al contrario cercano di contornarsi sempre di amici, di feste e di luci accecanti, mentre di notte, quando si ritrovano soli con i propri pensieri, quella tortura mentale che erano riusciti a reprimere così bene torna inesorabilmente a tormentarli. Il rimedio Agrimony aiuta le persone che hanno un tratto del carattere di questo tipo ad accettare i lati più oscuri della vita e della propria personalità e a venire a patti con essi, in modo da diventare degli esseri umani più completi, senza perdere il senso dell'umorismo, ma riuscendo a ridere dei propri problemi per risolverli piuttosto che per nasconderli. Per preparare il rimedio floreale si colgono i fiori appena aperti o in bocciolo, prima che li abbiano visitati api o altri insetti, e si

preparano con il metodo del sole tra giugno e agosto.
Stati d'animo e sintomi collegati ad Agrimony in ordine di importanza:

- Allegria forzata
- Ansia nascosta dall'allegria
- Ansia e timore
- Ansia per cui si mangia anche di notte
- Tendenza a evitare le discussioni
- Ansia localizzata nel petto
- Fame nervosa
- Conflitti interiori nascosti
- Paura delle discussioni
- Oppressione al petto
- Si mangiano le unghie
- Digrignare i denti nel sonno

Definizione di E. Bach

Persone gioviali, allegre, piene di buonumore che amano la tranquillità e sono disturbate da litigi o contrasti, onde evitare i quali sono disposte a grandi rinunce. Benché generalmente tormentate da problemi, irrequiete e preoccupate nel corpo e nello spirito, nascondono tali crucci dietro il proprio buonumore e il loro essere burlone e sono considerate ottimi amici da conoscere.
Sovente fanno uso eccessivo di alcool o droghe, per stimolare e aiutare se stesse a portare le proprie croci con la leggerezza.

Walnut

Appartiene alla categoria degli "Assistenti".
Chi ha bisogno di questo fiore si trova in una situazione di cambiamento della vita oppure si trova in una condizione in cui non ha la forza per cambiare, tipo: matrimonio, divorzio, nuovo lavoro, cambiamenti climatici, pensionamento, menopausa, lutto, gravidanza, vacanza, nuovo partner. L'assunzione di Walnut quando si vive un cambiamento facilita l'adattamento scoprendo nuove risorse per vivere facilmente la nuova situazione. E' anche utile per coloro che risentono delle tensioni dell'ambiente circostante e che tendono a farle proprie. Indicato anche per chi soffre di meteoropatia (sintomi legati a fattori meteorologici). Walnut aiuta a rompere i legami col passato permettendo così di continuare il proprio cammino con sicurezza e senza eccessiva sofferenza. Con Walnut si è protetti nei cambiamenti, ci si sente sicuri e ogni nuova fase è vissuta con facilità. In pediatria Walnut è indicato quando i bimbi vivono una fase ben specifica di maturazione o crescita, come nel caso del bambino al quale spuntano i denti fissi e toglie quelli da latte, oppure è usato in pubertà e adolescenza nel facilitare il cambiamento del corpo.
Stati d'animo e sintomi collegati a Walnut in ordine di importanza:

- Per favorire qualsiasi genere di cambiamento

- Menopausa
- Ipersensibili ai cambiamenti
- Fasi di cambiamento
- Pubertà
- Influenzabile
- Dentizione
- Incostanza

Definizione di E. Bach

Per quelli che posseggono ideali e ambizioni di vita ben definiti e ai quali stanno adempiendo, tuttavia in rare occasioni sono tentate dall'altrui entusiasmo, convinzioni o forti opinioni, di allontanarsi dalle proprie idee, dai propri fini dal proprio lavoro. Il rimedio conferisce costanza e offre protezione dalle influenze esterne.

Rescue Remedy

Combinando insieme due o più fiori si possono ottenere miscele personalizzate, rivolte cioè a un'esigenza particolare e soggettiva. Esiste tuttavia una combinazione predisposta dallo stesso Bach per un uso generale; si tratta del rimedio di emergenza chiamato Rescue Remedy, una miscela di cinque fiori, che secondo Bach sarebbe utile in situazioni più acute: fortissimi stress, attacchi di panico, svenimenti, brutte notizie, ma anche traumi di natura fisica. Questo "elisir" possiamo considerarlo come il 39° fiore, in realtà è una combinazione di n.5 fiori che il dott. Edward Bach mise a punto nel 1934, iniziandolo ad usare come mezzo di pronto soccorso terapeutico in tutte le condizioni di emergenza, dal trauma fisico (per esempio un mal di testa) a quello psichico, e anche dal lutto, all'abbandono, alla perdita, agli esami da sostenere, al post partum. Si riscontrano benefici immediati come la calma, la serenità, il sollievo, la sicurezza, il riequilibrio delle energie interiori nelle situazioni di stress o particolarmente impegnative. Inoltre, aiuta a ridimensionare la paura e il nervosismo. Oltre che per bocca, questo rimedio può essere applicato anche sulle tempie o sui polsi, o direttamente sulla parte dolente.
Consiste in una miscela di:

- Star of Bethlehem, contro lo shock improvviso. Come l'acido che contiene il suo fiore, se toccato, fa piangere, così il rimedio aiuta a liberare un'emozione repressa o un qualsiasi tipo di trauma. Aiuta chi prova dolore per una pena che arriva all'improvviso (cattiva notizia, perdita di lavoro, malattia, lutto, incidente) o per la perdita inconsolabile di persone amate.

- Rock Rose, contro il panico o il terrore. Le sue caratteristiche spine fanno sì che, se una persona entra in contatto con la pianta, rimane come paralizzata dal dolore, specialmente se si ferisce alle gambe, fatto che le impedisce di camminare. Allo stesso modo il fiore serve per gli attacchi di panico paralizzanti, per il tremore esterno e interno, sudorazione, tachicardia e blocco della capacità di reazione in una situazione d'emergenza. Il fiore aiuta chi si lascia travolgere dalle proprie emozioni, quando la paura si trasforma in panico estremo e si resta bloccati, con il fiato corto e il cuore in gola, incapaci di reagire. Nel Rescue Remedy è utilizzato per l'angoscia massima, per fronteggiare uno stato forte e acuto di terrore o la paura scatenata da un evento traumatico, incidente o malattia improvvisa.

- Impatiens, per riportare la calma. E' una pianta che assorbe con avidità l'acqua del terreno fino a trasudare dalle foglie quella in eccesso. Come indice della sua costante attività, per tutto il periodo estivo essa porta germogli, fiori e semi nello stesso tempo, senza seguire i tempi delle altre piante. La sua azione nel Rescue Remedy serve a moderare l'impazienza, l'ansia da anticipazione, l'eccessivo impeto, agitazione, frustrazione o irritabilità nei confronti di una situazione, che impone un tempo di attesa.

- Clematis, contro la tendenza a cedere, la sensazione di allontanamento appena prima di svenire. Questa pianta rampicante non riesce a radicarsi al suolo perché possiede una radice, molto piccola. Le sue guide pendono e le danno un aspetto galleggiante Allo stesso modo serve alle persone che non riescono a stare con i piedi per terra, la cui mente scivola via dal presente per fantasticare sul futuro o su delle versioni alternative del presente. Nel Rescue Remedy aiuta soprattutto per scongiurare lo svenimento e per alleviare quello stato di confusione e di stordimento che può comparire nelle situazioni di emergenza, quando si vorrebbe fuggire dalla realtà.

- Cherry Plum, contro la paura di perdere il controllo, di andar fuori di testa. Apparentemente calma, la pianta interiormente sta processando i fiori che nasceranno anzitempo e in maniera compulsiva. Il fiore serve a chi ha paura di impazzire, di agire irrazionalmente, di compiere gesti estremi e inconsulti, anche autolesionisti, dando sfogo a impulsi pericolosi. Non riesce ad arrestare il senso di rumore stridulo dei mille terribili pensieri che gli si affollano in testa in un vero iperlavoro mentale. Ha l'impulso a compiere atti violenti di cui prova orrore. Nel Rescue Remedy aiuta a ritrovare la calma, l'autocontrollo e la capacità di gestire la rabbia e tutti gli stati emotivi che possono condurre alla violenza.

È l'unico rimedio che, d'ordinario, non è preparato esclusivamente in forma liquida, ma anche in compresse di lattosio e in pomata. In quest'ultima formulazione, chiamata "Rescue Cream" è aggiunto il Crab Apple, il rimedio di purificazione, per il suo effetto depurativo; può essere utile in diverse occasioni: traumi, piccole eruzioni cutanee, dolori e tensioni muscolari, pelle disidratata.
E' molto utile, ad esempio, nei bambini, per le piccole paure improvvise, nei casi di incidenti, quando si ricevono cattive notizie (lutto, malattia), momenti di ansia improvvisi, paure, attacchi di panico. Si mettono 4 gocce di Rescue Remedy in un bicchiere d'acqua e lo si sorseggia; all'inizio a piccoli sorsi ravvicinati (anche ogni due o tre minuti), poi mano a mano che i sintomi si attenuano, si diminuiscono il numero delle assunzioni. Se non si ha disposizione o non si ha il tempo di prendere un bicchiere di acqua, si possono assumere 4 gocce del rimedio puro. Il Rescue è un rimedio di emergenza, e come tale va usato. Esso non può sostituire l'uso quotidiano dei

Fiori di Bach. Per ottenere dei buoni risultati e per essere in buona salute con la floriterapia, è importante assumere i fiori più adatti a ciascuno, personalizzandoli sulla base della situazione del momento.

Numero del settimo chakra

Il numero 1 è il numero del settimo chakra.
Uno è il primo numero usato per contare e quindi gli è riconosciuto un grande potere; senza di esso non ci sarebbe il sistema numerico così come lo conosciamo. Ogni sistema numerico che possiamo immaginare ha il suo punto d'inizio. Spesso è visto come l'origine di tutte le cose e rappresenta la perfezione, l'assoluto e la divinità nelle religioni monoteiste.

- Una persona caratterizzata dall'Uno è un leader nato, colui che è predisposto a organizzare, a decidere; una persona precisa, indipendente, inventiva e ingegnosa.

Simbolo dell'Inizio, l'Uno è per eccellenza il numero dal quale fiorisce un'idea e rappresenta la forza nel perseguire intraprendenti iniziative personali. Questa caratteristica porta l'individuo ad affrontare e superare gli ostacoli disseminati lungo il suo cammino con determinazione e coraggio. Una persona caratterizzata dall'Uno si identifica molto con se stessa. Quando è immatura tende a muoversi senza riguardo verso gli altri e l'ambiente, mentre quando è più evoluta diventa un pioniere che indica la via ai contemporanei vincendo le proprie battagli. Conseguenza di ciò sarà un'elevata predisposizione a sperimentare, a sbagliare e a ritornare sui propri passi, dovuta alla costante e strenua ricerca della perfettibilità. Se

perde la libertà diventa autoritario, dominatore, perfezionista, pesante, pedante con un eccessivo senso del dovere. Ha successo come scrittore, direttore, presidente, figura pubblica, dirigente d'azienda, progettista. Affinità con altri numeri:
- Discreta: 4 e 7.
- Ottima: 2 e 6.

Possiamo associare a ogni numero un pianeta, un segno zodiacale e un elemento fondamentale della vita sulla Terra. Per il Numero 1 abbiamo:
- Segno Ariete.
- Pianeta Marte.
- Elemento Fuoco.

Come il pianeta cui si associa, questo numero dona grande energia, aggressività e spiritualità che vanno incanalata bene. Rende desiderosi di imporsi ed esternare il proprio modo di essere. I numeri uno mostrano una forte individualità e godono di molta fortuna in ogni aspetto della vita. L'ambizione li porta a raggiungere posizioni elevate. Qualità da sviluppare sono la tolleranza e la rinuncia.

Colore del numero 1: il Rosso.
- Vince la pigrizia.
- Favorisce la circolazione del sangue.
- Aumenta il calore interno del corpo.
- Combatte l'apatia.
- Efficace contro il raffreddore.

- Combatte la malinconia e la depressione, utile nei periodi in cui manca l'energia o ci si sente esauriti.
- Vince i primi sintomi del raffreddore.
- Sconsigliato nei casi di febbre, ipertensione, ferite, bruciori e infiammazioni.
- Pietre: rubino, diaspro rosso, granato.

L'archetipo del numero 1 è il Guerriero.
Il suo Numero Ombra è il Ribelle.

Il Ribelle rappresentando il lato ombra del Guerriero contraddistingue individui forti e determinati, che tuttavia nella loro identificazione con l'Archetipo, oscillano tra le opposte tendenze di coraggio e abnegazione, dubbio e insicurezza.

- La sfida: riconoscere con equilibrio il proprio valore.

Il Ribelle ha le stesse caratteristiche del Guerriero ma minate dall'insicurezza e dalla mancanza di autostima. Anela al riconoscimento del suo valore da parte del prossimo, forse per un mancato riconoscimento da parte del padre, figura significativa per il guerriero i cui simboli sono il Sole e appunto il padre. Esempio, un atteggiamento tipico del ribelle potrebbe essere quello di avere avuto un'idea, ma questa viene criticata o messa in discussione.

- Il Guerriero vaglia queste opzioni contrarie con attenzione e, se le ritiene prive di fondamento, spiega le sue ragioni e continua a realizzare il suo progetto, sicuro delle sue capacità.

- Il Ribelle invece non sopporta che il suo pensiero sia osteggiato, si oppone, magari con veemenza e poi lascia perdere tutto, abbandonando il progetto. Rivedendo in seguito il suo atteggiamento e ritenendolo una sua mancanza, si sente ancor più sfiduciato andando a minare ulteriormente la sua autostima.

Può anche non riuscire a operare questa retrospettiva, aggravando la situazione con sospetti di manipolazione da parte degli altri; é proprio la difficoltà ad accettare i propri errori la sfida che dovrebbe affrontare l'Uno. La mancanza all'introspezione può bloccare la sua sperimentazione e la paura di fallire può arrestare le azioni successive. Il rimedio per riconoscere l'ombra è il "qui e ora", l'essere presenti a se stessi dona la capacità di rivedere la scena e riconoscere dove si è sbagliato per porvi rimedio. Serve costanza e perseveranza ma coltivando questo atteggiamento la persona sarà presente nel momento in cui il fatto avviene e riuscirà a riconoscere il ribelle prima che agisca e combini guai.

Esercizi fisici

Esercizio 1

Fate qualche esercizio di rilassamento scuotendo le braccia e le gambe.
Sedete sul pavimento con la schiena eretta e quindi effettuate per alcuni minuti la respirazione alternata.

Esercizio 2

Assumete la posizione del quadrupede ed eseguite per 7 volte l'esercizio "groppa del cavallo / schiena arcuata del gatto".

Esercizio 3

Partendo da seduti a gambe incrociate, chiudete gli occhi e tendete le braccia verso l'alto con i palmi che si toccano al di sopra della testa.
Anche le dita sono rivolte verso l'alto e la colonna vertebrale dovrebbe risultare leggermente tesa.
Respirate profondamente alcune volte da questa posizione, poi rilassatevi nuovamente, cercando però col tempo di mantenere la posizione per qualche minuto.

Esercizio 4

Sedetevi con la schiena eretta, contrapponete gli anulari distesi e intrecciate le altre dita con il pollice destro sotto quello sinistro.

Tenete le mani all'altezza dello stomaco, chiudete gli occhi, inspirate profondamente attraverso il naso e fate risuonare espirando un lungo "oooooomm".
Ripetete l'esercizio 7 volte concentrandovi sul settimo chakra.

Esercizio 5

Sdraiatevi in posizione supina con gli occhi chiusi e i muscoli rilassati. Il palmo della mano sinistra tocca la sommità della testa e la destra è sopra la sinistra.
Inspirate ed espirate completamente rilassati.
Respirate sempre più profondamente e immaginate di ricevere l'energia dell'universo attraverso il chakra corona.
Quando espirate visualizzate che l'energia vi pervada il corpo, una luce bianca o dorata che vi guarisce.
Posate lentamente le mani a terra lungo il corpo dopo qualche minuto e rimanete così rilassati ancora un po'.

Pietre consigliate per il 7° Chakra

In cristalloterapia si considerano pietre del 7° Chakra quelle di colore bianco o trasparente, di qualsiasi tipo di lucentezza o trasparenza.
- La zona di posizionamento delle pietre è la sommità della testa, all'altezza della fontanella.

I cristalli che possono riequilibrare il settimo chakra sono: cristallo di rocca (o quarzo ialino), diamante, ossidiana arcobaleno, spinello, celestina, onice bianco, pietra di luna, quarzo rutilato, selenite, danburite.
- La pietra di frequenza base più rappresentativa è il Quarzo ialino, o Cristallo di rocca.
- La pietra di frequenza avanzata più rappresentativa è la Danbyrite.

I cristalli trasparenti e bianchi sono dei minerali neutri che si limitano a veicolare la luce verso di noi, rafforzando quanto è già presente in noi. Rafforzano l'effetto di altri minerali. Il bianco stimola la purezza e la chiarezza.
Il raggio d'azione dei minerali di colore bianco:
- conferiscono ricchezza a tutti i livelli
- danno senso di giustizia
- fanno percepire l'eternità
- conferiscono purezza
- danno un sentimento di pace.

Sentitene l'energia che passa attraverso il chakra sacrale mentre la tenete in mano o la portate tramite anello o collana. Non bisogna acquistarle tutte, basta scegliete le pietre che si preferiscono o delle quali si è già in possesso.

Quarzo Ialino

Il nome del quarzo ialino deriva dal greco hyalos, che significa vetro, ma viene anche chiamato con il nome di cristallo di rocca, che deriva dalla parola greca krustallos che significa ghiaccio, a causa della credenza, che il cristallo di rocca si fosse formato dal ghiaccio.
E' il minerale più diffuso sulla terra e si forma in tutti gli ambienti e tutti i tipi di roccia, ed è conosciuto da moltissimo tempo.
Plinio il Vecchio lo cita nella sua Naturalis Historia, Omero nella sua Iliade ne descrive le caratteristiche, Aztechi e Maya usavano teschi di quarzo ialino per rituali di potere, gli antichi Greci credevano che gli Dei bevessero l'Ambrosia, il famoso nettare, dai calici di cristallo di rocca, in Asia si è sempre parlato di quarzo ialino come "una pietra di luce staccata dal trono celeste", mentre nella mitologia aborigena australiana, il quarzo è la sostanza più comunemente identificata con la sostanza mistica chiamata "mabain" con cui gli "uomini saggi" (chiamati karadjis) ottengono i loro poteri magici. Il quarzo ialino è la pietra di guarigione più versatile e potente tra tutti i cristalli, in grado di lavorare su qualsiasi condizione. Notevole è la sua capacità di amplificare le energie sottili che lo circondano, comprese quelli di tutti gli altri cristalli. Rafforza notevolmente l'aura, ed è usato per attivare e allineare tutti i chakra, anche i chakra transpersonali. Il cristallo di rocca fornisce maggiore energia, e stimola il sistema immunitario a prevenire le malattie gravi. Facilita il

funzionamento cardiaco, previene l'infarto, porta ossigeno al cervello e stabilizza la pressione sanguigna. Nella meditazione rafforza il proprio campo energetico e se usato insieme con l'ematite facilita la messa a terra e il radicamento. Permette inoltre la chiarezza emotiva e la purezza del cuore, amplificando le intuizioni spirituali. Genera elettromagnetismo e dissipa l'elettricità statica.

Se il quarzo ialino è abbinato alla lepidolite, all'ambra e alla tormalina, ne facilita le loro funzioni.

Ossidiana Arcobaleno

L'ossidiana è un vetro vulcanico che ha origine dal veloce raffreddamento di lave ricche di silice: lo shock termico impedisce la formazione di cristalli e produce una massa amorfa e rigida, ricca di inclusioni di varie minerali. Di colore nero e generalmente opaco, può assumere anche un colore argento (ossidiana argentata) se nel magma originario sono presenti bolle di gas finemente distribuite oppure un aspetto variopinto e brillante se sono di acqua (ossidiana arcobaleno). Se nel processo di formazione della roccia si trovano feldspati grigi allora assume una colorazione a macchie bianco-grigie, la cosiddetta ossidiana fiocco di neve. È la pietra del guerriero, il quale affronta ogni cosa con la calma e la riflessione di chi non ha paura della morte. Dona chiarezza interiore, equilibrio e armonia. L'ossidiana collega spirito e materia. Facilita l'introspezione, porta in superficie le emozioni e i pensieri più nascosti e permette alla mente cosciente di penetrare i lati oscuri della personalità, indirizzando l'individuo verso la via della trasformazione. Purifica l'ego perché funziona da specchio, distrugge le illusioni e riflette anche i difetti: è la luce che dissolve il buio, il sé incontra la sua ombra per comprenderla e illuminarla. È una pietra di autoconoscenza.
L'ossidiana aiuta, inoltre, a liberare le emozioni represse, inducendo le persone che hanno eccessivo autocontrollo a sbloccare la censure e ad agire in sintonia con i propri sentimenti. Come tutte le pietre nere, l'ossidiana muove le energie

stagnanti e negative e le disperde, consentendo di superare le paure e i traumi che bloccano la crescita personale dell'individuo. Funge da scudo protettivo e sigilla l'aura.

L'ossidiana può essere scaricata dopo l'uso sotto l'acqua corrente. Per ottenere i migliori effetti sul piano fisico e spirituale si consiglia di portare la pietra con sé a stretto contatto con la pelle, in tasca o sulle zone dolenti, ma mai al collo. Attenzione: va usata con cautela da chi ha una forte carica emotiva e meglio se accompagnata da un cristallo di rocca. Con l'ossidiana si diventa "guerrieri senza macchia" spiritualmente liberi e invulnerabili. Grazie a questa nuova saggezza, le facoltà latenti si sviluppano e si impara a vedere sempre meglio la verità fino a divenire chiaroveggenti.

Diamante

E' la pietra più dura, trasparente e luminosa che esista: Carbonio puro. Si forma a una pressione di 40.000 atmosfere e a una temperatura di oltre 2.000 gradi centigradi. Simboleggia la purezza, il coraggio, la forza, la lealtà, la lucidità mentale, la Saggezza divina. I Greci e i Latini lo chiamavano Adamas - Adamantis "l'indomabile", "ferro durissimo", "acciaio", "infrangibile", poiché né il ferro né il fuoco possono intaccare questa gemma che può essere lavorata solo con altri diamanti (è insolubile agli acidi e infondibile). Rinforza e purifica l'organismo, rimuove i blocchi e la negatività, risveglia l'Energia Vitale e rinforza l'aura, bilancia gli emisferi del cervello e ha virtù riequilibranti in generale, elimina le tossicità dal corpo. Tonifica il cuore, aumenta la resistenza fisica, stimola la consapevolezza, aumenta la volontà e le capacità di controllo. E' indicato contro le paure e la depressione e nella cura dei disturbi del cervello, sistema nervoso e apparato sensoriale. La sua energia è potente ma deve essere usata con attenzione e "una tantum", poiché ha la capacità di esaltare sia caratteristiche positive coscienti sia caratteristiche negative incontrollate, come la rigidità, l'ostinazione, la testardaggine delle persone che non si siano sufficientemente elevate sul piano spirituale (in parole molto povere, come "una Ferrari in mano a un bambino"), facendo poi spiacevolmente rendere conto, in modo "drastico", a chi lo utilizza, del proprio stadio evolutivo non all'altezza della situazione (non a caso è chiamato anche la "Pietra dei forti").

In effetti, risulta che alcuni diamanti di enorme caratura e valore, "famosi", abbiano avuto l'attributo di porta sfortuna dai proprietari (ad esempio il diamante blu "Hope").

Il Diamante può anche essere usato per amplificare o energizzare l'effetto di altri cristalli.

Pietra di Luna

La pietra di luna è stata usata per secoli in una grande varietà di culture. Essendo una perfetta espressione dell'energia yin, ossia l'energia misteriosa e placida della luna, questa pietra è a sua volta portatrice di calma, pace ed equilibrio.
La serenità e la tranquillità che il minerale genera ha un effetto sensuale e straordinario, infondendo, col suo morbido bagliore, creatività e ottimismo.
Anticamente, ma anche a tutt'oggi, in India la pietra di luna è considerata una pietra sacra.
Associata con la luna, la pietra era indossata della dea Diana e in Oriente amuleti di pietra di luna erano spesso appesi ad alberi da frutto per assicurare colture feconde e abbondanti e nel medioevo, dagli alchimisti, si riteneva che se tenuta in bocca, la pietra di luna poteva contribuire nel prendere decisioni appropriate. La pietra di luna è gemma di intuizione e comprensione profonda, aiuta a bilanciare il corpo emozionale accentuando la libertà di espressione e attenua in particolare le tendenze aggressive. Apportando energia femminile, la pietra di luna apre il nostro lato più yin, può stimolare il funzionamento della ghiandola pineale, bilancia i cicli ormonali interni con i ritmi della natura, allevia il dolore mestruale e nella gravidanza, favorisce la fertilità e aiuta a stimolare il sistema linfatico e immunitario. Può ridurre il gonfiore e il fluido corporeo in eccesso.
Anche se spesso considerata una pietra da donne, la pietra di luna può essere molto utile agli uomini di aprire il proprio sé emotivo. La pietra di luna più

pregiata viene estratta principalmente dallo Sri Lanka. Essa aiuta a essere più consapevoli del fatto che tutte le cose sono parte di un ciclo di cambiamento costante. Il momento ideale e di massima risonanza per usare la pietra di luna è durante la fase di luna piena. Grazie alla sua associazione con acqua, risulta essere molto protettiva con persone che abitano vicino a luoghi di mare. La pietra di luna connette benissimo tra loro il secondo e il sesto chakra, migliorando la sensibilità intuitiva attraverso comportamenti meno sopraffatti da sentimenti personali. Funziona a meraviglia quando è abbinata al granato, (rivelando la verità dietro le nostre illusioni) e se usata in concomitanza con l'ametista nei chakra superiori.

La pietra di luna è una gemma molto personale: riflette l'anima della persona che la possiede. Non toglie e non aggiunge nulla alla personalità, ma la mostra per come in realtà è: per questo è utile durante la meditazione. È ottima per le donne, ma può essere indicata agli uomini per incentivarli nell'espressione delle loro emozioni. La gemma è quindi sfruttata per stimolare il funzionamento della ghiandola pineale e l'equilibrio dei cicli ormonali interni, adattandoli ai ritmi della natura

Nel feng shui, la pietra di luna è utilizzata per le sue proprietà calmanti, per la sua energia yin e per il fatto che richiama l'elemento dell'acqua. Una casa o un ufficio con troppa energia yang può trovare beneficio dalla compensazione che la pietra saprà generare. Assicuratevi di prendervi cura nel modo migliore della vostra pietra di luna, sia nel caso si tratti di sfere e ovali, che per i gioielli.

Pulitela spesso e delicatamente, cercando di preservarla dall'esposizione a una forte luce solare. Come si può facilmente intuire, a differenza di altri cristalli e di altre pietre, il modo migliore per ricaricare la pietra è esporla al chiarore lunare. È possibile scegliere la fresca energia della luna nuova o le potenti vibrazioni di quella piena: prendendovi cura della vostra gemma, riceverete in cambio abbondanza, energia ed equilibrio.

Onice bianco

La pietra onice bianco era molto popolare tra gli antichi Greci, i Romani e gli Egizi. Il suo nome deriva dalla parola greca "onux", che significa "unghia". La leggenda narra che un giorno Cupido tagliò le divine unghie di Venere con una punta di freccia, mentre lei dormiva e le Parche (le tre figlie di Zeus che tessevano il filo del destino di ogni uomo) le mutarono subito in pietra, in modo che nessuna parte del corpo divino di Venere potesse mai distruggersi. Gli antichi Egizi ritenevano che l'onice bianco poteva raffreddare gli ardori sessuali quando esagerati. Le proprietà dell'onice bianco mantengono la memoria degli eventi fisici che circondano una persona. Una pietra forte da utilizzare per lavoro psichico in quanto racconta la storia di chi lo indossa. Una pietra di forza, buona per gli sportivi o per le persone sottoposte a stress mentale ed emotivo. La pietra onice bianco porta equilibrio alla mente e al corpo, ed è una pietra meravigliosa per coloro che sono volubili per natura, in quanto contribuisce a stare con i piedi per terra e a mettere ben a fuoco la nostra attenzione. Tradizionalmente può essere particolarmente utile per le malattie della pelle, la guarigione delle ferite infette, infezioni fungine, infiammazioni e anche scottature. Aiuta a prevedere ciò che c'è oltre e a diventare il padrone del proprio futuro, togliendo le dipendenze inutili al processo di crescita, specie i coinvolgimenti emotivi ed emozionali insalubri o fastidiosi.

Quarzo Rutilato

Il quarzo rutilato è un tipo di quarzo che presenta all'interno del rutilo (biossido di titanio) in forma aghiforme. Gli aghi di rutilo possono essere rossastri, o possono essere d'oro, d'argento, o in occasioni molto rare, di colore verdastro.

Le inclusioni del quarzo rutilato sono chiamate fin dal medioevo, capelli di Venere, e da quel periodo nasce la credenza che la pietra possa rallentare il processo di invecchiamento. Il quarzo rutilato è una pietra che ha sia l'energia della vibrazione energetica del quarzo ialino, sia il potere di amplificazione del rutilo, che la rende molto utile se abbinata ad altre pietre, in particolar modo la labradorite, il quarzo citrino e la calcopirite. Le proprietà del quarzo rutilato lo rendono un illuminatore per l'anima, una pietra per promuovere la crescita spirituale. La pietra è nota per essere una pietra energizzante che aiuta a ottenere e rilasciare energia a tutti i livelli. Si dice che possa anche alleviare la solitudine imposta e alleviare i sensi di colpa generati dagli altri, rendendo così possibile la felicità. Può aumentare la propria autonomia e autostima infondendo la capacità di trovare la propria strada. E' una pietra utile per i disturbi alimentari, e l'assorbimento dei nutrienti dal cibo, la rigenerazione dei tessuti, la stanchezza, e la depressione. Viene usato per la meditazione, nelle comunicazioni spirituali, e il lavoro sui sogni lucidi. Pietra particolarmente idonea per la ricerca di maggiori esperienze spirituali e la meditazione sulle energie femminili.

Il quarzo rutilato può essere utile per muovere l'energia lungo i meridiani e nelle zone fisiche dove l'energia ristagna.

Selenite

La selenite, deve il suo termine dal greco "selenites" letteralmente "pietra di Luna", dal nome della Dea greca della luna, Selene. Da non confondere con la pietra di luna, un'altra tra le più belle e luminescenti pietre preziose.

La selenite contiene molta energia femminile ed è spesso usata per connettersi e comunicare con il Divino. In passato era spesso usata come bacchetta magica per facilitare il trasporto delle proprie intenzioni per il Sé Superiore o l'Universo.

La selenite è la pietra della tranquillità, dona una vibrazione molto alta, ed è capace di infondere chiarezza mentale e un profondo senso di pace interiore, fornendo la flessibilità alla nostra natura e forza per le nostre decisioni importanti.

E' un pietra che ben si accompagna a un lavoro spirituale intenso, specie in meditazione, oltre a essere un potente cristallo di comunicazione psichica. Può essere di aiuto nella comunicazione al passato con antenati e spiriti guida.

La selenite ha inoltre la proprietà meravigliosa di potere purificare e pulire energeticamente gli altri cristalli da energie pesanti. Può aiutare a livello cellulare, la spina dorsale e il sistema scheletrico, è usata per migliorare il tono della pelle e la capacità del corpo di assorbire il calcio. Antiche credenze popolari, ma comuni su tutto il nostro pianeta, hanno enfatizzato l'uso della selenite anche per aumentare la libido. Le proprietà della selenite sono spesso usate nella magia per evocare la

protezione dal regno dei morti e per dissipare anche energia negativa negli ambienti.
Ottima si rivela in esoterismo se usata su apposite griglie, oppure intorno alla casa o negli angoli di una stanza (insieme al sale, ma senza toccarsi), per creare uno spazio sicuro e tranquillo.

Celestina

La celestina, dal latino "caelestis" che significa "celeste", è stata chiamata così per il suo aspetto molto etereo. Celestina è una pietra di pace e di armonia che induce una visione della reale coesistenza pacifica con l'intero universo.

Chiamata anche "pietra del cielo" per il suo colore morbido celeste, si credeva essere stata creata da cori di Angeli Celesti. In ambienti New Age si dice che la celestina sia originaria delle stelle conosciute come Pleiadi (comunemente chiamate le "Sette Sorelle") e che la pietra detiene la saggezza celeste. Equilibra le energie Yin e Yang, le due polarità dell'organismo. Trasforma la rabbia e la furia in modo costruttivo, aiutando a superare le limitazioni. Armonizza la mente alle alte frequenze, migliora le capacità intellettive.

La celestina ha una frequenza molto alta ed è una pietra molto spirituale che può aiutare i portali aperti al proprio Sé Superiore. Conosciuta per espandere la creatività è spesso utilizzata nelle arti.

Accelera lo sviluppo spirituale e apporta un senso generale di pace.

Danburite

Fu descritta per la prima volta nel 1839 e chiamata così per la località in cui venne scoperta, Danbury nei pressi di Fairfield (Connecticut).
I prismi, simili al topazio, spesso con molte faccette e con striature verticali, sono appuntiti, a cuneo o, a volte, piatti, mentre rare sono le forme massive o granulari. I migliori esemplari, che si trovano in Messico, sono incolori e trasparenti adatti a essere tagliati a gemma. Può presentarsi anche in colorazioni giallognole, brune o rosa pallido. Visivamente la danburite sfaccettata e incastonata, costituisce una eccellente alternativa naturale al Diamante. La danburite stimola lo sviluppo spirituale. Riduce la tendenza a voler controllare gli altri e a estorcere l'amore tramite ricatti emotivi, portando così a riconoscere i giusti limiti di applicazione del potere, proprio e degli altri, generando spazio per un amore libero da condizionamenti. La danburite lavora in buona sinergia con il rimedio Chicory dei fiori di Bach; fiore e pietra possono essere impiegati contemporaneamente. La sua energia, molto morbida, calmante e angelica, è in grado sciogliere i blocchi energetici, permette di vedere la propria vita dalla prospettiva dello spirito e di Vedere quanto accade nella nostra vita come un'opportunità di crescita. Apporta consapevolezza maggiore degli avvenimenti aiutando a riconoscere nelle esperienze dolorose la via per una consapevolezza maggiore del proprio Essere.

Stimola la memoria e la creatività ed è di notevole aiuto nella meditazione dove aumenta la visione psichica aprendo alla consapevolezza visiva dei chakra, di altre realtà, dimensioni e pianeti. Le esperienze, anche le più devastanti, ora sono viste come perfette perché ci hanno aiutato a essere ciò che siamo: La pietra aiuta a essere obiettivi anche in situazioni sfavorevoli; apporta verità, onestà,chiarezza, ricettività. E' un Cristallo Ascetico in quanto promuove il collegamento con angeli e guide, illumina l'aura, pulisce e purifica il corpo fisico, innalza l'energia sessuale verso i chakra superiori, rasserena le emozioni. Ha un'azione benefica su tutti i chakra e agisce in particolare sul settimo chakra della corona portando gioia, illuminazione e consapevolezza. Posta sul chakra del cuore aiuta a rilasciare il dolore emotivo.

www.ingramcontent.com/pod-product-compliance
Lightning Source LLC
Chambersburg PA
CBHW071259040426
42444CB00009B/1793